惠存：

觀雲沐雨[illegible]更自然

壬辰金秋鹤云书

我的故事

赵云升 著

经济日报出版社

图书在版编目（CIP）数据

我的故事／赵云升著. —北京：经济日报出版社，2012.8

ISBN 978-7-80257-444-1

Ⅰ.①我… Ⅱ.①赵… Ⅲ.①赵云升-生平事迹 Ⅳ.①K825.4

中国版本图书馆CIP数据核字（2012）第202093号

我的故事

作　　者	赵云升
责任编辑	刘雁溪
责任校对	苏　嫚　吴海西
出版发行	经济日报出版社
社　　址	北京市宣武区右安门内大街65号（邮政编码：100054）
电　　话	010-63513524（编辑部）　63538621（发行部）
网　　址	www.edpbook.com.cn
E-mail	jjrb58@sina.com
经　　销	全国新华书店
发　　行	国内外发行
印　　刷	三河市世纪兴源印刷有限公司
开　　本	710×1000mm　1/16开
印　　张	13.75
字　　数	200千字
版　　次	2012年9月第一版
印　　次	2012年9月第一次印刷
书　　号	ISBN 978-7-80257-444-1
定　　价	36.90元

连辑点评

《我的故事》不仅是赵云升先生的一部奋斗史，更是一部令人感动、催人奋进的“励志书”。“它”是一段历史的缩影，是伟大时代的一种折射，读后受益匪浅——特别是当代青年。

连辑

二〇一一年八月

（连辑，系内蒙古自治区政府原副主席，现任中共甘肃省委常委、宣传部长。辽宁大学文学学士、清华大学硕士、俄罗斯布里亚特国立大学博士、研究员。和云升相识、共事26年之久的领导加朋友）

夏日题词

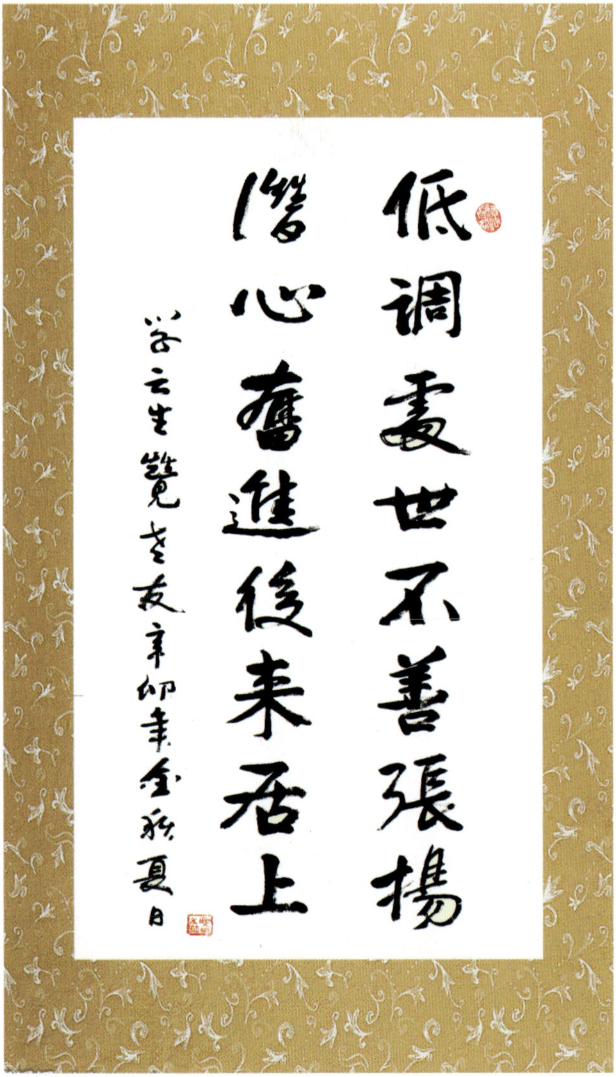

（夏日，系云升在乌海市工作时的市委书记，退休前任全国政协常委、内蒙古自治区政协副主席。和云升相处共事20年之久的领导加朋友。）

云升和老伴儿结婚时家境贫寒没钱照相，婚后30年儿女让补的结婚照（时年已54岁矣）。

1996年云升在前半生第三次自建住宅的书屋里（乌海市）

2008年云升和儿孙们在海南三亚

2011年云升全家摄于呼和浩特市乌素图住宅大院

前排右一大孙女赵一彤、右二云升、右三外孙赵一屾、右四老伴潘慧琴、右五二孙女赵一琨、后排右一大儿赵峙峰、右二大儿媳温海容、右三女儿赵娟峰、右四二儿媳吴燕华、右五二儿赵亚峰

1991年云升45岁第一次“逛京城”时在北京天安门前留影

1993年云升与时任乌海市委书记夏日研究安排在《经济日报》上发表乌海专版时合影

1991年云升在北京人民大会堂接受国家领导人颁奖

前排左二起依序为王汉宾、雷洁琼、廖汉生、彭冲、赛福鼎、荣毅仁、倪志福、曹志等国家领导人（后排左一为云升、左二为人民日报副总编于宁，其余为中央各部委领导及获奖者）

2007年参加“论证会”人员在北京中国大饭店

（左三为云升、左四为内蒙古自治区副主席连辑、左五为洪昭光教授，其余为内蒙古部分企业家、国家级健康专家）

2005年在创建内蒙古财富工程期间，黄丽路、刘东华、连辑、贾才、武春河、陈力、云升（从左到右）在贾才书画院合影

2006年云升和高级授课团在锡林郭勒大草原合影（左二李义平、左三云升、左四艾丰、右一孙选中，其余为工作人员。以上三位专家、学者见书中简介）

2006年云升前半生第4次自建的368m^{2}住宅小楼（呼和浩特市乌素图）

云升呼市乌素图住宅小院

云升住宅百米之遥的呼市大青山佛头岭

2008年云升在呼市乌素图住宅后院兴建的祭祖祠堂

2011年清明节云升将父母的灵柩移至呼市大青山下的赵氏陵园

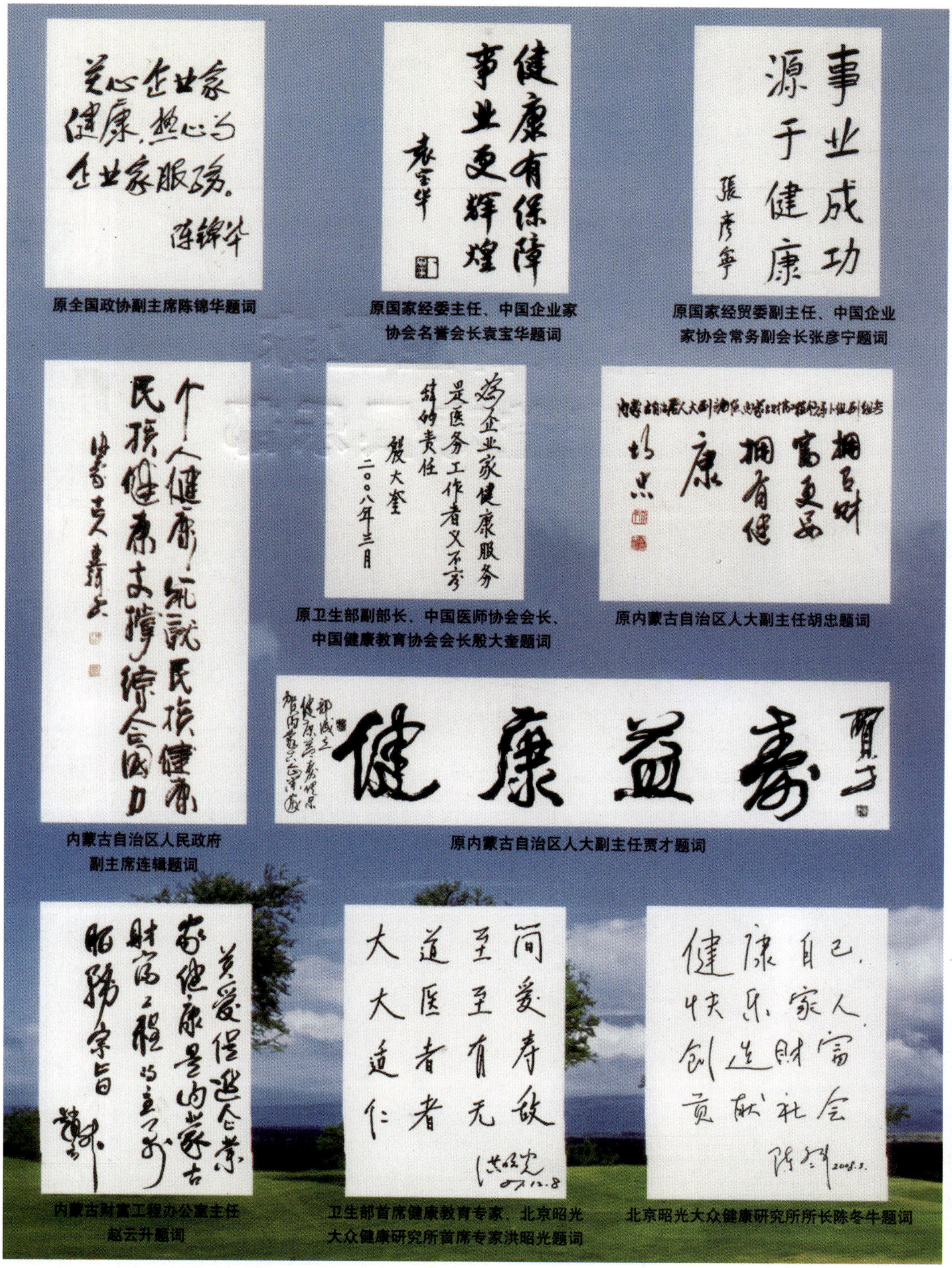

原全国政协副主席陈锦华题词

原国家经委主任、中国企业家协会名誉会长袁宝华题词

原国家经贸委副主任、中国企业家协会常务副会长张彦宁题词

内蒙古自治区人民政府副主席连辑题词

原卫生部副部长、中国医师协会会长、中国健康教育协会会长殷大奎题词

原内蒙古自治区人大副主任胡忠题词

原内蒙古自治区人大副主任贾才题词

内蒙古财富工程办公室主任赵云升题词

卫生部首席健康教育专家、北京昭光大众健康研究所首席专家洪昭光题词

北京昭光大众健康研究所所长陈冬牛题词

以上是内蒙古财富工程和北京昭光健康研究所为扩大俱乐部的影响，分头请国家领导及内蒙古和相关部委领导等题词（左下角为云升题写）

东华寄语

老赵是我的老大哥，老朋友，我也是他“职业人生第二春”的同事。知道他要出一本讲述自己人生经历的书，真是让我有点“羡慕嫉妒恨”。因为他的人生、事业基本上都已功德圆满，儿孙兴旺，福禄双全，剩下的任务主要就是享清福了，而我还跋涉在一条艰辛漫长的道路上，不知何时才能停下来。以我的理解，老赵的这本书不但是对自己人生的一种梳理和总结，也不仅可以传之子孙后代，而且可望给更多的朋友带来启迪。我从中得到的最大价值是，每个人的人生都是自己选择的结果，选择了，就有责任让这种选择成为最佳。看看老赵幸福的样子，我们有理由拷问一下自己：老赵做到了，我们为什么不能像老赵一样做到？

刘东华

按：东华先生提的“为什么”的答案我们找到了——“选择成为最佳”的关键在于过程。而《我的故事》就是老赵的过程。朋友们读《我的故事》吧，老赵选择的结果就在《我的故事》里。

（刘东华，系中国企业家杂志社、经济日报出版社原社长。正当他在体制内的事业上登峰造极的时候，突然主动辞去正局级职务，现在市场经济的大海里叱咤风云。现任学习型中国促进会主席、品牌中国产业联盟执行主席、CCTV年度经济人物主任评委等多种社会职务。是和云升相识共事15年之久的领导加兄弟。）

勤奋即人生，勤奋即成功

代序一

与赵云升先生相识已有近10年了。当时他是经济日报社下属的《中国企业家》杂志社设在内蒙古的办事处兼记者站的负责人。由于工作上的关系，接触过几次。最初的印象是他很能干，不但把杂志的发行搞上去了，还策划了“内蒙古财富工程”和“内蒙古企业家培训班”，并组织了“内蒙古企业家健康益寿俱乐部”，工作上颇有成绩。

以后我们交往得多了，觉得他重情、讲义、很率真。于是，我们就成了要好的朋友。去年去呼和浩特出差，他还热情地将我邀至其家，吃了一顿他夫人亲手做的农家饭，参观了他新建的“乡村别墅”——位于呼和浩特近郊、大青山脚下的“世外桃源”。正如《我的故事》中所叙，他的小日子过得挺滋润：儿女双全、子孙满堂、锦衣美食、汽车洋房。他由衷地感恩这个美好时代，感恩党的改革开放以来的好政策，感恩曾经在困窘时期给予援手的亲朋。同时，也为自己在逆境中不懈奋斗并使自己的命运不断改善而自豪。

读了云升先生的《我的故事》，谁都会真切地感受到云升的这种滋润是一个奋进者经过艰苦跋涉到达成功彼岸后的滋润；是一个具有耐力的耕耘者春种、夏锄、秋收、冬储后那种喜获丰收的甜美。读后使人真切地感受到“天道酬勤”这句名言的至理和精辟，并引申出了一个道理：勤奋即人生，勤奋即成功。

因此，我要特别告诉大家：《我的故事》值得一读，尤其是初涉世事的后生们。

人在历史中走过，同时也用自己的经历谱写历史。自传和回忆录之类并非伟人、名流们的专利，小人物也同样可以写。回忆一生走过的路程，重新品味人生的苦辣酸甜，对于“过来人”，不啻为余生的一杯鸡尾酒。我曾读过几位平凡人写的回忆录，都深切感受到他们故事中饱含的浓郁的历史气息。这就构成了人们常说的“野史”的那部分内容。由此看来，历史上那些“野史”上记载的事件，绝非全是道听途说，其可信程度并不亚于那些堂而皇之的正史。对于民间流传的、由不知名的小人物们记载下来的历史片断，不应当被忽视。他们应作为我们研究历史的宝贵参考。

云升先生的故事虽说不上多么悲壮、有多么精彩，但都是他人生中的亲历。他的所叙、所思、所议，没有任何矫饰的意味。他向人们展示的是一个真实的自我，包括个别事件中其冲动、固执、狭隘和自私的一面。这反而显示出其坦荡君子之风。从这本自传中我们如见其人、如闻其声，如炉前围坐听他深情地讲述前半生虽事过境迁却久留心头难以释怀的往事。真实、亲切、质朴、可读、这应是本书最突出的特色。

我虽然比云升先生年长几岁，但还应算是同龄人。他所经历的年月，我也同样经历过，只不过他上中学时我已快大学毕业了。在那个以阶级斗争为纲的年代里，人与人的关系被扭曲，变得不那么纯净，不那么正常了。政治被庸俗化、简单化，人的家庭出身成为衡量一个人是非、美丑、善恶的唯一尺度，从而制造出许多悲剧或闹剧。我有幸出身中农家庭而不是“地主儿子”，因此没有厄运缠身。但像云升当时那样被不公正对待而受委屈的人和事也见过不少，因此对云升的心路历程十分理解和同情。但那毕竟是30多年前事情了。回首往事，感慨嘘唏，与朋友们念叨念叨，纾解胸中郁结之气也是情理中的事。那些当时被“运动”裹胁的基层小人物，或者由于幼稚无知，或者由于私欲过重，或者由于品质欠佳，做出些愚蠢的行为，伤害了别人。对于他们，还是“一笑泯恩仇”吧！唯物论者不相信“因果报应”，但却相信“种瓜得瓜，种豆得豆”的道理。如今的赵云升已用《我的故事》印证了这条唯物论的真理，这就足够了。

以上的话可作序言吗？云升先生定夺可也。

（武春河，系国家经济日报社原社长，现为北京当代中国书画研究会会长。和云升相识共事10年之久的领导加朋友。）

天道不负勤勉汉，硕果酬谢好儿男

代序二

辛卯年6月16日，云升邀我等9人到其家做客。其居位于呼和浩特市郊区乌素图，环境优雅，风景如画，叹为观止。其别墅占地6.8亩，无处不绿，有水皆清，瓜果飘香，犬吠鸟鸣，陶公影子隐约可见。水榭楼台，鸽飞鱼游，鹿走兔戏，鸡雁同笼，无不吸引吾矣。赵氏陵园，种谷植松，二十四孝图布于四壁，人神共处，演奏和谐乐章。登观眺之，蓝天白云，青山环抱，远处高楼林立，车水马龙；近处树荫如盖，绿草如茵，泉水涓涓，令吾心旷神怡，不知老之将至也。墨轩名人字画，琳琅满目；书案、琴瑟、牌桌、健身器材样样俱全。茶余饭后，操琴一曲，悠哉！乐哉！别墅格局陈列别致有趣，由此可察，其主人审美观、文化修养、孝道传承及哲学思想流淌着中国民风民俗文化，以吾度之，其价值即于此。

观毕居所，云升拿出自传著作《我的故事》并请我作序，我欣然受之。如何作序？思忖片刻，则以“看居”、“看书”铺陈。上述“看居”为序之启也。

翻开《我的故事》（下文简称《故事》），先读目录，将66则故事以三篇成书。吾思良久，“三”，古人以之为多数，中国文化以三言事状物达理甚多矣。古人以三寓意哲学理念，将浩瀚宇宙分为天、地、人，并引出天堂、人间、地狱之说，再引申教诲人们行善进天堂、作恶下地狱，人要轮回往复之，则都进了天堂，因为天堂是幸福之所在，此为古人理想社会。孔子曰：“三省吾身”，“三人行必有吾师”。孟子论战提出三要素：天时、地利、人和。毛泽东从战略家思考，将世界分为三个世界，使世界形势为鼎立状。古人钟嵘《诗品》将诗划分为上、中、下三品，再将三品各分为三，凡九等。逻辑有三段论，科学论文亦为三段：提出问题、求证、结论。长篇巨著小说亦是三段，故事开端、故事发展、故事结尾，虽有高潮一说，仍是故事发展。云升用“三”成册，可见其匠心独具也。

《故事》上篇以12则故事，高度概括其漫长而又短暂的30余载青少年经历。轻重有别，择其精要，演绎坎坷经历，可见作者组织材料功夫之深厚。拾牛粪卖之、牛倌生涯、自主求学、挑灯夜读无不感人肺腑。童真幼稚，玩耍嬉戏，苦中有乐，终生难忘。卖牛粪故事，吾读泪下，六岁孩童尝人间艰辛，岂能不心酸？读到取巧“投机”，又破涕为笑，乃精彩之极矣！夜读挑灯失火，被盖遭燃，令人捧腹笑之。受辱抗之，蚁毒仇之，其反抗性格可见。为家三次淘“金”，为生产队屡次淘“金”，是德之所使，能之所为，勤之所致也。遭人白眼冷落，亲情不认，人性扭曲乃落后愚昧所致也。叹哉！

《故事》中篇写26则故事，反映云升为求生、为事业而奔波，满腔热忱，忘我工作，其付出不可言状，身累心更累，做人做事做官可谓一流。篇中叙事简练，理达语止，情畅而不伤；“处事无奇但率真”，“三不”“三无”人生信条，表现云升性格直率，人品高尚。云升做过倒买倒卖，官商联手之事，云升感觉这不是个正事，能觉悟自省，搦翰直书，可赞之。“实迷途其未远，觉今是而昨非”，很快改正。然而现实中，官商勾结，敛财填满私囊何止万千，真不知羞耻。云升改为做精苯厂，辛苦经营，成功投产，结果摘桃者毫不费力便将果实取走，真令人愤之。如今官场不正之风真有不减之势，举贤者不贤，举能者不能，举德者无德，以利取人，凭关系而晋升。悲哉！

《故事》下篇以28则故事道出，“天道不负勤勉汉，硕果酬谢好儿男”之喜悦心情。云升以不同角度诠释“乐”之含义。一人挂六个牌子经营六种事业，里外一人，天马行空、独来独往，虽累犹乐，喜之“点子”顺也，乐之无扰、无算，无抢权夺位。自行设计“财富工程”，为内蒙古企业家提高素质、提高经营理念与世界接轨，做了于人民有益之事能不褒之以功、歌之以德、赞之以绩、书之以史乎？乐哉！乐哉！

通读全书，云升走乌海闯北京驻呼市往返其间，为求生、为事业忙碌，尽职敬业，其成绩卓著，得到盟、市、自治区乃至中央嘉奖。《故事》66则，形散而神聚，每则故事犹珍珠粒粒，光彩美丽，若将其鱼贯系之，可欣赏，可佩戴，可念珠，做佛事，美哉！全书语言流畅，朴实无华，无矫饰卖弄之嫌，潇洒自如。故事真实、客观反映其六十年经历，语简练而不赘，理达而情真，读之有益，尤其青年者，更可鉴之，即便年高者亦可阅之，虽说是云升奋斗史，但从一个侧面反映历史现实。云升其为人，吾以俚语六好宗之，即：好孝子，好丈夫，好父亲，好爷爷，好公民，好干部。一言赞之，云升是个大好人。

“奋中”期间，虽未亲授其课，其为人耳闻目睹亦略知一二，云升又为奋斗中学再添一朵奇葩。此序真不知能否合其著，望云升酌之。

（**许继华，系云升读中学时的母校——奋斗中学原副校长，退休前任内蒙古教育学院中文系书记、主任，副教授。**）

苦难励志谋事业，乘风破浪自扬帆

代序三

赵云升是我40多年前的学生，初三时我给他代数学课，以后彼此虽有往来，但印象肤浅，在我的眼中，他仍然是一个初中生，一个涉世不深的孩子，一个品学兼优的学生。

最近，认真看过云升写的《我的故事》，才让我走近了云升，了解了云升，认识了云升，似乎进入了云升的内心世界。这本书使我耳目一新，竟然与云升的师生之情，对人生的一些共同感悟，油然而生。

云升的回忆录以“三段”人生经历、“四句”处世箴言、“六字”修身感悟践行出的66个故事为内容，演绎出了一部鲜活且耐人寻味的《我的故事》。整部书的编排有序，结构新颖，内容真实具体，语言风趣流畅，文字朴实无华，思想感情浓重。

云升经过童年之苦、身世之苦、学海之苦、生活之苦的种种磨砺，终于走向社会，以两条红线彰写了自己的精彩人生。他的“第一条红线是工作事业线；第二条红线是生活生存线。这两条线路又相互交叉扭合在一起”。《故事》中的“论剑”命题，对这两条线作了精辟的阐述。他说：“人于工作究竟是为生存，还是为事业?”他的回答是“以谋‘生存’为第一目的，而把‘为事业’作为一种要达到‘生存’目的过程中的一种手段”，他又说“‘为生存’和‘为事业’是一回事，是人生的两个奋斗目标的统一体，只不过把‘为事业’提得比‘为生存’的目标更高了，把‘为事业’的人的境界也显得高了。”其实，他道出了人对于生存的物质要求是有限的，但对“做人”来说，又是首要的、必需的，可以说这是个“公理”，但即使是公理也难敌欲望之一击，有多少人会如此理解自己的最低生存需求呢？又有多少人不被欲望诱惑和左右着人生之路呢？对此，我更赞赏他的价值观。是的，云升也有自己的生存欲望，尤其在最初的困难处境中，他完全可以丢开“事业”转而简单地满足自己的生存欲望。但他看重的不仅仅是如此，他看重的是“事业”。其实，“生存”与“事业”都可以简单地视为一种“追求”，不同的是前者低级，后者高级；前者物质化，后者精神化；前者是人性的本能，后者是追求的理想。由此可见，理想是欲望的变种和升华。事实上，每个人都有实实在在的欲望，但不见得每个人都有实实在在的理想，“欲望”多是本能的产物，也只有人才能将它上升为理想，所以，我们可以看轻欲望，但决不能不珍视理想。

云升在《故事》中重点用“上善若水”、“宠辱无惊”来激励自己。他说：“人处的最好状态是水的状态，最好的品德是水的品德。水善于给万物以好处，却不争取自己的利益，它不拒绝待在别人不愿意待的地方，所以接近大道”。宠辱不惊，看庭前花开花落；去留无意，望天上云卷云舒，为人做事能视宠辱如花开花落般平常，才能不惊；视职位去留如云卷云舒般变幻，才能无意，“不以物喜，不以己悲”。对此，云升自喻为“唯大英雄能本色，是真名士自风流”。其实，这是人生的最高标尺，是我们凡夫俗子可以为镜，而永远达不到的人生境界。对身世的无奈、世俗的感怀、角色的转换和世态的炎凉，都能从云升的《故事》中找到隐喻，找到答案。人生之旅，有太多的喜怒哀乐，每个人的内心深处也都保存着或美丽或黯淡，甚至有一些创伤和疲惫，云升以“悟道真谛方知我，删尽浮华始见神”来慰藉自己。

什么样的人格水平，决定了一个人以什么样的心态去书写自己的人生。你向人们表达了什么样的情绪，人们便认识了一个什么样的你。云升在《故事》中用诚实率真的表达，取得无可质疑的信任；确切流畅的表达，换来人们对其深入的了解；更可贵的是云升的“故事”不为条条框框束缚，勇于走进某些“禁区”，这正是一个富有开拓精神的成功者所具备的良好品质。云升经其前半生都在践行做人的“三无三不”的原则：与世无争的淡定、上善若水的随缘、宠辱无惊的心态；他的做人底线是“不欺人、不害人、不偷人”，所有这些并未随着客观条件的变化而变化。正如云升的自教所言“传家有道唯存厚，处世无奇但率真”。做人做到厚道、率真，我认为就足矣！哪怕其中的有些故事给人以不同的感观，也只能是仁者见仁，智者见智了。

云升的苦、累、乐构成了自己人生的三部曲，通过66个故事，对前半生作了准确、全面、精彩的陈述。同时，使读者从精选的《故事》中，找到了对苦、累、乐三部曲的进一步诠释与升华。其实，每一个人的一生，大都要经历苦、累、乐三部曲的，只不过不同的人经历着不同的“故事”罢了。但人们对其共同的认知却是相同的：“苦”是人生的一种财富、一种磨炼、一种动力，使人走向成熟；“累”是人生的一种艰辛、一种拼搏、一种沉淀，使人开创事业；“乐”是人生的一种收获、一种欣慰、一种心态，使人享受喜悦。云升一路走来，生活给了他太多的磨难，但这种“苦”和“累”也赋予了他笑对磨难的意志和品格。他不信命，不认输，他相信自己，相信未来，认定自己只要努力，一切都会为之改变，一定会乘风破浪到达成功的彼岸。云升的事业顶峰正是他的“一套人马六块牌子”。但从中可以看出，云升扮演的角色不是秘书长，便是办公室主任、办事处主任、记者站站长等。只有自己一个人在唱独角戏，即使这样，他仍将工作搞得红红火火，硕果累累，志在必得。可见云升的事业心、为实现理想而奋斗不止的精神，着实让人钦仰、佩服。

通常有“智商”、“情商”的提法，但不知是否有“乐商”之说，若有的话，我想云升聪明智慧的头脑，其“乐商”也一定不低。《故事》充分验证了云升具有掌控有效的沟通方式和创造令人愉悦、和谐氛围的能力，他乐观的心态使他能够很好地对待自己周围各种人之间的关系。云升的“乐”除了表现在他的各个年龄段、各种处境中外，更集中表现在以“适逢和谐盛世”为乐、以“健体强身”为乐、以

“安居乐业”为乐、以“天伦之乐”为乐、以“琴棋书画”为乐、以“知足常乐”为乐六个故事中。《故事》启示我们，面对人生只有两条道路可走：一条是愁云惨雾，另一条则是阳光灿烂，你走的是哪条道路，在很大程度上取决于自己的心态是悲观还是乐观。云升注定走的是一条阳光灿烂的道路，因为他的乐观心态，总能拨开迷雾看到光明到达成功的终点。

从云升职业的多次转换和居无定所的多次迁居，可以看出人生路上摆在云升面前的职业选择道路不止一条，但他并没有循规蹈矩，更没有放弃成功的信心，此路不通，就换另一条路径试试。云升的成功理念不单是物质的富有、职位的升迁，在他的成功理念中还包括生命的活力、创造的自由、情感的随缘、心理的淡定。正像他在《故事》中所说：“人呀，就是江河里的一棵小草，社会的风浪将你飘到哪里，你都得随遇而安，你都得泰然处之，你都得正确对待。你还得学会调整心态，换位思考，你还得学会大脑兴奋点转移。”从中可以悟出，其实，谁都可以是人才，谁都可以获得成功，只要找到适合自己的位置，以适当的方式做适当的事，清楚地明白自己想做什么或能做什么，并且付诸行动，锲而不舍就够了，这样，即使是一位极普通的人，也会成为一位成功者。“失之东隅，收之桑榆”，很多时候，埋没人才的不是别人，恰恰是自己。

通读《我的故事》，我在脑海中浮现出九句话。“九”又是云升讲究的“数字玄学”中的喜好之数，以此作为对云升个性人品的评语：

敢于置身聚光灯下，凸显表里通体透亮。

桃李无言不善张扬，下自成蹊自会感人。

君子爱财取之有道，贤达悟道重在笃行。

信仰绝对要去追求，追求未必要有信仰。

知识彰显人生品位，诚信奠定人生基石。

心态决定人生高度，幸福只是一种感觉。

人生何似鸿爪雪泥，成功仍需明志致远。

共叙人生感慨万千，更显师生情谊无限。

举目金秋菊花盛开，回首杏坛春苗满园。

有谁想深入了解云升、认识云升，有谁想获得一些人生感悟、做人的箴告，有谁想做一个坚强的成功者，那你就去读《我的故事》吧！

（刘兴汉，系云升48年前在奋斗中学读书时的一位诲人不倦的恩师，退休前系内蒙古包头师专党委副书记、校长、副研究员，《阴山学刊》主编。）

"故事"由头

写《我的故事》，是在一次偶然的师生聚会上，一次不经意间的"心动"引发我动笔的。

酒局上，就我的一位恩师刘兴汉老师写了40万字的回忆录即将出版的话题，大家在恭敬地评论着。席间，我奋斗中学的同窗学友杨慈爱突然调侃："云升班长也应该写个回忆录，你的生活经历坎坷，发生在你身上的故事又多，你又是靠玩笔杆子吃饭的人，写出来的东西肯定有意思。"

我当时心里一动，只是轻轻地点头，笑而未答，但写书的种子却从此种下了。

唉?! 这倒是个事儿。自己已经年过花甲，趁现在体魄尚健，应该给这个世界留点痕迹。但又一想，茫茫人海，邈邈历史，著书立说青史留名者能有几人？伟人名人写回忆、作传记，是因为他们都有惊天动地、气壮山河的史实和彪炳千秋、流芳百世的功绩，而自己算啥呢？一个名不见经传的人自己撰写自己？

但我骨子里的基因决定了我后天的执性格，只要我点了头的事情就要义无反顾地"笃行"下去。更何况执弟子要以师为范。恩师已有标榜，学生岂能不学？于是乎，就开始在自己记忆的库房里倒腾、搜寻，把自己60多年来苦心经营过的人生轨迹在脑子里清理、描绘出来……

细想自己走过的60年，一路走来一路颠簸，几经风雨几多坎坷；多少凄凉事化悲为喜，多少泥泞路健步蹚过。应该说我是用尽了浑身解数、发足了全身的"猛劲"，才从处于水深火热的社会最底层以及那个白热化的阶级斗争"旋涡"中挣扎出来，终得沧海桑梓甘泉来。我的前半生虽然平淡，但自觉平而不庸。熟悉我的人说我雅俗皆备，而其雅，没雅到极致；其俗，还没有到俗不可耐。

回首往事，历历在目。悠悠岁月，苦辣酸甜，仔细回味，慢慢咀嚼，令人怦然心动，感慨不已……这时，我突然感觉到：过去的自己是不是就像普希金说的一样“活得匆忙，来不及体会”？于是，就把自己脑海里拾掇出来的东西（文化人叫腹稿）整理了一遍。再于是乎，就选择了庚寅年十一月初七我生日那天，开始回忆、记录我这60年来走过的苦、累、乐三段人生经历和在我的“妙道长存、自在圆通、宠辱无惊、万境皆空”四句处事箴言以及“健、勤、学、志、行、义”六字修身感悟的引领下，践行演绎出的一串串苦辣酸甜故事……

作三点说明：

一、我的“三段”人生经历，虽坎坷却穷达淡定，虽屡起波澜但宠辱不惊。何以如此？乃得益于理智的指引和文化的熏陶也。

二、我的“四句”处世箴言源于佛语，习于道经，因霞光照耀，而启智化愚。它一直是统率我行为的纲领。

三、我的“六字”修身感悟，愿为有志的后生们揭示一条通往成功的捷径。这六个字不是我的首创，而是我从贤达哲人的智慧里领悟并发扬光大的。

再作三点声明：

一、《我的故事》是当做“春天的故事”的“子母篇”来写的。《我的故事》里的华章佳句、所谓的精彩人生完全是由“春天的故事”孕育和编织出来的。书中描绘的我的“乐”，本意并不是要炫耀自己的“滋润”，而是在尽情地讴歌这个伟大春天里的欣欣向荣。

二、《我的故事》向人们展示的是一个原本的、真实的自我。有些故事甚至把自己过去的冲动、固执和狭隘的一面也“抖搭”了出来。这样写，会使人们能更加全面地认识一个有血有肉，金无足赤、人无完人的赵云升。

三、《我的故事》不怕人们笑话，不怕庸者妄语，而真心企盼智者评说。书中字字真实有据，句句斟酌推敲。不溢美，不贬损，力求客观真实，只是实实在在写来。不管大家、小家们怎么看，是“佳作”，还是“糟粕”，它毕竟是我60年来“路”的真实写照，它是一堆没有点滴水分的“干货”。我愿意以此来奉飨熟悉我和我还不相识的朋友们，特别是我的子孙后代和读《我的故事》的所有后生们。我敢断言：诸君只要认真去读，肯定不无裨益。

赵云升

目 录

上 篇

在“春天的故事”还没有唱响中国大地之前，我在逆境中生存，筚路蓝缕，举步挣扎。一字以叹之曰：“苦”——苦难励志的 33 年。

中　篇

33岁以后为生存、为事业而奔波，一字以叙之曰：“累”——奋发拼搏的“三·九”27年。

下　篇

60岁以后生存环境阳光、和谐，正处于“人生第二春”，一字以慰之曰：“乐”——以“事”为乐。无鞭自奋，笑面人生。

人评书评

附　录

上　篇

在“春天的故事”还没有唱响中国大地之前，我在逆境中生存，筚路蓝缕，举步挣扎。一字以叹之曰：“苦”——苦难励志的33年。

故事1：我的身世和身价

1946年11月30日，农历狗年十一月初七寅时，用妈妈的话说，“一个不省事的孩子降生了”。这个“不省事”就是我。我是高祖赵俥智第十七代“一脉后嗣”、赵广之孙、赵建德之子赵云升。

我的这个高祖，不是历代所说的帝王们的太祖、高祖，而是山西省忻州市西北门外赵家族谱里的立谱之人，据说在明朝中期当过翰林的赵家世祖。

《我的故事》开篇在即，先说一段赵氏族谱的历史故事，以便我的后辈和朋友们能知道赵家的宗脉和延续。寻根问祖，赵姓可追溯至夏、商之后的周武王时代。

有确切资料考证：在周武王时期有个御手名曰造父，其善于驾车，为周武王平乱立下了汗马功劳。周二世穆王念其有功，将现在的山西省赵城封于造父。造父雄才大略、经营有方，随后建立了赵国，即为战国时代七雄之一。其后子孙均将“造”改为赵姓。由此得知，造父即赵氏原始显祖。后人皆曰，山西赵姓皆为“造父”之后，宋太祖赵匡胤即为始祖造父嫡系子孙。传到我的高祖赵俥智究竟是多少代，却无法考算。据此，云升亦为造父、赵氏之后裔宗脉矣。

云升的爷爷辈是民国十八年（公元1929年）山西人“走西口”来到内蒙古的。解放以后，父亲的“官名”很少有人知道，更是少有人叫，人们都叫他赵柱小（父亲的乳名叫柱小子），母亲名为苗玉梅。

父亲给我取了个乳名叫“三栋儿”。长大后好多人问我，“栋儿”是什么意思？当时我也不懂，就去问父亲。

父亲回答道："'栋儿'是'栋'的儿化音，有盼子成龙之意。希望你长大能成为国之栋梁，经天纬地之才。"

噢！父亲不愧是读过四书五经的人，用心良苦。但我知道父亲的期望值过高了！

后来上小学我起名叫赵云生，再后来上奋斗中学时有位老师名为赵荣生。父亲言："弟子不可占师长之讳名"，于是我的名字就成为了赵云升。长大后钟情舞文弄墨，自许笔名为"鹏程"。再后来又自名别署为"潜渊"，是仰慕陶潜——陶渊明"不为五斗米折腰"那铮铮傲骨之意。

云升一呱呱坠地就引起一场争议，闹得本来就不算大的王五圪旦村满村风雨，童叟皆知。直至我长大以后，村里的老人还给我讲这个故事……

母亲生我的时候，我的上面已经有两个哥哥、两个姐姐（其中大哥是父母抱养的一家王姓不要的孩子）。生我的那年，母亲已经42岁了。在当时的社会生育认识观上，42岁的女人再生孩子似乎不合常理，母亲自己也感到有些别扭，觉得自己抱上个小不点儿，有些不妥。于是就和父亲商议，干脆把这个"不省事"送人算了。

这个风声传出去以后，被邻村母亲的远房妹妹苗喜梅家知道了。喜梅姨生了三个女孩，而没有一个儿子。这在当时的"养儿防老、积谷防凄"的年代，谁家没有男孩那可不行，于是姊妹俩就商议好，如果生下男孩，就让喜梅姨家抱走，并且以"2斤红糖、10斤谷米"作为定物。

云升出生的季节正是严冬。据母亲说鸡叫三遍生下我，赶天亮就刮起大风，连着刮了三天。俗话说"天寒日短，不刮风就暖"，结果那三天却出奇地冷，冻得人们几乎不能出门。第四天风小了，天气稍微好转了一点，喜梅姨家赶着马车，拿着厚厚的棉被来抱我了，可是母亲有些反悔，舍不得把我送给人家。

于是两家就发生了争执与争吵，唇枪舌剑吵得很凶，直至反目……

喜梅姨说："这叫甚事？答应送我们，就怕你们反悔，还给了你们定物。我们来了，你们又不给了，你们赵家有钱也不能不讲理吧？"

母亲也理直气壮："我说过送你，那是一生下你就抱走。我喂奶了三四天了，奶亲了，现在舍不得了，不送了！"

喜梅姨据理力争："这三天大人都冻得不能出门，把娃娃冻坏怎么办？我想你应该知道，这是天冷得不让我来，又不是我故意不来！"母亲极为聪慧，立刻抓住这句话大加发挥："既然是'天'不让你来，那说明老天爷是不让我把娃娃送人，说到这份上，这孩子我养定了！"

就这样你一言我一语，先是两个女人争吵，后来两家男人也参与进来，争得脸红脖子粗。最终还是父亲有谋略，说了一大堆道理，并提出了解决问题的办法。

"喜梅，你们别吵，听二姐夫说。"喜梅姨平时管妈妈叫二姐。父亲这样说，"你们姊妹平时好得甚是呀，何必因为这个'不省事'伤和气呢？你二姐不同意，你莫非能把孩子抱走不成？她的脾气你是知道的。这样吧，现在这年头送孩子的人多的是，我认识的人多，给你打问找一个男孩儿行不？"父亲的话一向很有威信，争吵总算结束了。最后父母终于用4斤红糖、20斤谷米加倍送还了定物，才安抚得喜梅姨赶着空车走了，我没有以"2斤红糖、10斤谷米"的身价被送人。于是，我就留在了一个地主家庭，成了个"地主儿子"。在将近30年的岁月中，这个身份带给了我很多磨难。直到1979年，在中国唱起了"春天的故事"，我才开始走上人生的旅程。喜梅姨家是贫农成分，其后抱了个比我小两岁的男孩叫铁锁。后来，不管我的工作调动到哪儿，清明节回去给父母扫墓焚纸是雷打不动的。偶尔碰见铁锁聊起来，得知人家过得也挺好，生儿育女，辛勤劳作，过着一个农民该过的日子。

不管怎样，我还是要感谢我的父母，是他们让我拥有了灵动的生命，并让这个灵动的生命开创着他们没有想象到的未来。我永远记着诺贝尔说过的一句话："生命，那是自然给人类去雕琢的宝石。"

故事2：我的艰苦童年

似乎与这次争吵有说道，让我一生成了一个有“争议”的人。仁者见仁、智者见智，高者高誉、低者诋诽。哎，管他呢，走自己的路，不穿别人的鞋。按照鲁迅先生的话做：“躲进小楼成一统，管他冬夏与春秋!”径直把自己的人生道路坚强地走下去!

时间到了1949年，我已经4岁了。中国革命成功，我们共产党胜利了（因为我后来也成了共产党员）。我们家因为有300多亩土地、几十头牲畜、几间房子，雇了几个长工，土地改革定成分时，父母被定为地主，从此，我便有了一个“地主儿子”的冠名。以后很多年，只要哪个人看我不顺眼，或者他们不顺心想在我身上发泄时，就会直呼一句“你个地主儿子，想咋呀?”

这句话特有威慑力，杀伤力很强。我听了只能脸憋得通红，敢怒而不敢言。

（1）六岁进城卖牛粪

解放之后，家里一贫如洗，生活着实拮据。现在想起我6岁进城卖牛粪、8岁放牛当牛倌儿、10岁偷偷报名去上学的那些事儿，倒也颇有意思。童年的这段经历一直深深地烙在我的记忆里，它不会随着往事的沉淀而消散，不会随着时间的流逝而湮灭，只会弥久更新。

我6岁那年，也就是1952年，“土改与镇反”运动刚结束。中华人民共和国诞生仅3年，百废待兴。家里的日子虽然艰苦，但我的父母亲却非常勤劳，父亲常给我讲“天道酬勤”这句话。曾有一天，父亲抱着我说：“三儿，明天和你二姐进城‘卖牛粪’去吧!”我瞪着眼问父亲：“啥叫‘卖牛粪’?”

父亲说：“听你二姐的话就行了。这样做对你一生有好处。”

于是，我就和比我大4岁、个头只比我高一头、年仅10岁的二姐进城“卖牛粪”。

离我们王五圪旦村最近的城市叫陕坝镇（现在的巴彦淖尔市杭锦后旗所在地）。当时城里人没有现在的暖气，也没有煤烧，冬天就靠木柴和晒干的牛粪生火取暖。挑一担（两筐）牛粪进城能卖5角钱（当时的旧币5000元）。5角钱能买10盒洋火（火柴），或进食堂吃两碗“串饭”。“卖牛粪”的事儿我至今还记得非常清楚……

父亲给我特制了个扁担，因为6岁的孩子个头比箩头高不了多少，扁担短，担钩子也要短，只有把箩头架高，两个箩头又得用手勾着才能行走，不然晃动得走不成。我就担着父亲给我做的这根特制的扁担卖了两年牛粪。每周两次奔波于农村和城市、王五圪旦村与陕坝镇之间的那条黄土路上。

现在偶尔一想，“卖牛粪”也曾给我带来好多乐趣。“卖牛粪”基本是这样几道工序：先把牛的新鲜粪便用叉子捡到一起，最少用一周时间才能将其晒成粪干儿，再装到筐子里进城去卖钱。其实捡牛粪也不是一件容易的事情，因为我家已经没有牛了，只能到村边的草滩上或井口、路边把别人家的牛吃完草、喝完水，草足水饱回家时顺便甩下的牛粪捡回来。牛粪除了卖钱，有时也用来“易货”——换些日常用物。牛粪干透了分量很轻，一担大约有5公斤。但“千里不捎斤”，王五圪旦村离陕坝镇整整10华里路，一个6岁的孩子，不足1米高的个头，就挑这5公斤也够戗，一路上最少得休息五六次才能到达目的地——陕坝镇。

这时我想，怎么才能让牛粪变轻呢？于是乎，我的小脑瓜展开了丰富的想象。怎样才能变轻？装得少了不就变轻了吗？装得少人家城里人能给你钱吗？这就得看你的办法了。我苦思冥想，一个“妙道”出来了。我在箩筐下面放了些许麦草，中间用树枝架起来，最上面放的是牛粪，看起来满满当当，其实牛粪只有平时的三分之二。重量几乎减少三分之一，这不叫哄人吗？不，因为生火没有软柴不行，树枝生火更旺。有个买牛粪的大爷看到我这种卖法挺满意，拍着我的头笑着说："这娃娃挺聪明，你这牛粪我买了。"我非常高兴，因为一堆牛粪差不多能卖两堆的钱。但我至今想不明白，那位大爷是真的需要生火的软柴和树枝呢，还是怜悯我这个年仅6岁的小孩生存窘困无助呢？

卖牛粪还有个小插曲，直到现在，二姐提起这事还会数落我。

那是第一次去卖牛粪，我们卖完后，二姐上街给家里买点零用品，让我在东北大桥等她一起回家。她临走时还给我买了一块麻糖，让我哪也别去，但她却走了好长时间不回来。我实在无聊，就一个人提前回家了。结果害得二姐在陕坝街上到处找我，一直找到太阳落山她才哭着跑回家。当她进门看见我正趴在妈妈怀里吃奶时（我吃母乳吃到七岁），上来就打我屁股，逗得全家人都笑了。记得父亲还怨她连个弟弟也领不好，"三栋儿好记性能找着路，不然真的丢了怎么办？"

(2) 八岁开始做牛倌

卖牛粪的事差不多干了两年。到8岁那年，父亲给我揽了两头牛，让我当牛倌儿，还让我边放牛边捡牛粪。当时我就想，这老爷子真行，让我当"倌"了，但心里总不踏实，于是我很不情愿地问父亲："我这么小能行吗？"父亲说："一定能行！你只要早上把牛赶出去，只要不让牛糟蹋人家的庄禾，晚上能赶回来，这个倌儿就当好了。"父亲还忽悠我说："你不是爱听《西游记》的故事吗？那里面的孙悟空如果当年不当"弼马温"，以后就没有大闹天宫的本事了。你也试几天看看行不行。"我欣然答应后就高兴地"上任"了。每天早上我吆着两头牛到野外，中午吃饭时赶回来，下午再吆出去，太阳快落山再赶回来，周而复始，终不曾断。好在当时的王五圪旦村周围到处都是芦草滩。牛放出去吃草，每天两次回家的时候，再把两头牛的牛粪捡到一起，中间还有好长一段时间可以和同村比我大好几岁的小牛倌儿们一起玩儿。

童年就像五彩缤纷的梦，醒来还是那样清晰，让人余味无穷。我记得我们当时玩儿的游戏很多。玩“撂坑儿坑儿”，用翻片子打红电、虎勃郎儿，用马尾毛套老家子（麻雀），赶蚂蚁倒窝等等。其中最有意思的要数指挥蚂蚁搬家。要把蚂蚁从一个洞里赶到另一个洞里是件非常不易的事情。首先你要选择一只“领头蚂蚁”，然后在地上用木棍使劲划个沟，蚂蚁喜欢走软土，你在前边用木棍继续划沟领路，“领头蚂蚁”就顺着木棍划出的沟痕跟过来了，其他的蚂蚁也鱼贯而来，整个过程中它们显得特别有组织性和纪律性。有一次，一只蚂蚁要离队，我急忙用手去抓，因为用力过猛，蚂蚁被捏死了，结果满手的臭味儿几天都洗不掉。哦，原来蚂蚁奇臭无比呀！

时光如水，岁月如梭，转眼间便到了10岁那年的秋天，村里的孩子都背着书包上学去了，而我却由放两头牛的“小倌”做到放六头牛的“大倌”了。当时我想，别人家比我小、比我大的孩子都去上学了，怎么父母就让我放牛呢？他们都上学走了谁和我玩呀？这可不公平呀！

于是，我就向父母提出：“我都10岁了还不让我上学，你们想让我一辈子当‘睁眼瞎’？”

我提的问题很严肃，父母亲的回答也很坚决：“三儿，你就别念书了，咱们这种家庭成分的孩子不念书最好。你没听人家说‘阶级斗争要搞三代、五代’吗？你没有文化正好，有点文化会惹事呀！像你这性格，肚子里要有点‘墨水’就更‘不省事’了，还是认了吧！”

父母讲得振振有词。是这个道理呢，还是想让我给他们挣那点放牛钱和卖牛粪的钱呢？年幼的我心中百思不得其解。

第二天再出去放牛时，和我一起放牛的孩子都上学去了，没人和我玩的日子很不好过。于是乎，我毅然决定：这个“倌”我不当了。

（3）十岁偷着去上学

我家隔壁苗家的孩子叫苗德文，我叫他银狮哥，他比我大4岁。我们平时能玩到一起，他已经上学了，我就让他跟老师商议能不能让我也上学，学费一周内交清。第二天他告诉我说：“老师说可以，但学费最多晚交3天。”我心里一合计说：“行。”第二天一早，我就偷偷地和同村的十来个孩子一起报名上学去了。

上学是瞒着父母亲去的。圈里的6头牛到半前晌了还没吃没喝，饿得“哞……哞……”直叫。其中有一头牛属于李引太家。快到中午时，李引太路过我家时看到牛还没有出圈，便推开我家门破口大骂（贫下中农骂地主是常事，何况这事确实是我做得不对）。直到这时，父母才发现一上午没见着我的影子，这可把他们急坏了，打发全家人到处找我。下午当我放学拿着书本回家的时候，父母把我狠狠训斥了一顿。当天晚上吃饭的时候，父亲宣布了一件事：“你们姊妹弟兄5个，4个没念书，就让‘三栋儿’念书吧。但有一条：到放假时你要考不上前三名，你就还回来放牛。”还是父亲行，既通情达理又有严格要求。我答应三天内交学费的承诺也没有失信，在第二天早上去上学的时候，母亲就把该交的学费给了我。

在我写到苗德文的时候，他已经离开人世，可惜后来我和他相距千里之遥，信息全无，不然我是应该给银狮哥焚纸吊唁，寄托哀思的。衰暮思故友，他不仅上学时帮我，回乡务农时也帮助过我。他还当过生产队长，我回乡当农民14年，他也没有像别的生产队长那样过分欺负我。

我学习很勤奋，不仅没有低于前三名，而且很优秀。其实，前三名怎么排呢？反正学习用功就行了，我学而不厌、嗜书如命的习惯父母都能看得到。一直到小学毕业，父亲也没让我重新当“牛倌”。后来，父母在教育我的儿女——他们的孙子时还要念叨这件事，让孙子们以我为榜样。

记得法国作家巴尔扎克说过这样一句话：“童年原是一生最美妙的阶段，那时的孩子是一朵花，也是一颗果子，是一片懵懵懂懂的聪明、一种永远不息的活动、一股强烈的欲望。”如果这样说来，那我的童年该算是怎样的一种状况呢？

故事3：儿时的几个“不省事”的故事

岁月蜕去了我们成长的壳，却掩不住那些色彩斑澜的明媚回忆；光阴苍老了我们的面容，却带不走那些深刻铭记于心的声音和故人。还有几个“不省事”的故事，想忘也忘不掉。现在回想起来，还很有趣味性、故事性，而且都是些彰显本性的事儿。

（1）偷灯读书烧被窝

我上小学三年级的时候是1958年。那时农村没有电，更没有电视。我的学习“妙道”就是把精力全部用在课堂的45分钟内，课间和放学后基本属于玩耍的快乐时光。在快乐之余，我喜欢晚上看书。尤其是冬天，晚上没有任何可供消遣的活动，就只能看课外读物了，当时被母亲看做闲书的《三国演义》《西游记》之类的书我特别爱看。母亲一向节省惯了，不管春夏秋冬，太阳落山两个小时后必须熄灯睡觉，原因是怕点灯费油。我当时十二三岁，正是晚上不想睡、早晨不想起的年龄，怎么办呢？晚上不能看书，时间长了可不是个事儿呀。

那时我刚满12岁，已经知道了“三更灯火五更鸡，正是少儿读书时”的道理。父母又想让我当“栋梁”，又怕耗油不让我晚上看书，我便带着这个问题和他们商议，提出晚上要点灯看书的事。父亲当时没说什么，母亲却坚决反对：“你白天多看点书不就行了，晚上看书把眼睛看坏怎么办？”我当时对母亲特有意见，就回了母亲一句：“你不是怕看坏我的眼睛，是怕多费了你的胡油。”当时人们点灯照明用的油是胡麻油（是一种叫做胡麻的植物榨出来的食用油），点一晚上灯用的胡麻油差不多够全家吃一天呢，妈妈听了特别生气。现在回想起来我很后悔，“不听老人言，吃亏在眼前”！后来我成了戴个眼镜的近视眼，可能就是那时候夜间躺着看书造成的。

怎么办呢？晚上点灯看书通不过，我心里着急呀。白天没看完的

《西游记》的故事情节老在脑子里出现，那个白骨精到底吃了唐僧没有呢？……还得想办法呀！于是就想出了等他们全都睡着，我在被子里偷偷点灯看书的“妙道”来。

家里除了我在上学，其余的人都在做着重体力劳动的活儿，一天下来，他们累得头一挨着枕头就睡着了（这个滋味是我以后回乡参加14年劳动才体验到的）。那时全家住一盘大炕，大姐已经出嫁，大哥当了上门女婿跟他岳父住在一起（他岳父是贫农成分）。家里的二哥、二姐、父母和我五口人就睡在一盘大炕上。等他们全都睡着以后，我悄悄下地，黑灯瞎火地从我睡觉前就记住的放油灯的地方偷偷地把油灯放到自己的被子里，然后把被子蒙上，点着灯在被子里看书。但过不了多长时间被子里气味难闻，熏得人头痛。用我现在掌握的知识解释当时的问题就很明白，被子里缺了氧，多了一氧化碳，能不头痛吗？于是，第二天白天，我就用柳树枝做了一个架子。到了晚上，我悄悄把它放在被子里，把被头放在架子上，既通风又遮光。这样，一项虽不算太科技但很实用的工程算完成了。我就这样每晚偷着看书两三个小时。妈妈和家里人说：“最近咱们家灯里的油怎么熬得这么快，是不是被耗子偷吃了？”我听了跑到外面偷笑，生怕被妈妈发现了不让我晚上看书。

时间没过多久，我这个“不省事”真的闯祸了。

一天晚上，我照老办法看书，看着看着睡着了。当我被家人喊醒的时候，已是满屋子的烟熏味。原来是自己睡着后碰倒了支架，油灯把被子燃着了。一顿“挨骂”是免不了的，妈妈是心疼被子被烧，我是关心以后能不能偷灯夜读。从此以后，妈妈把油灯管得更严了，我也很少再有机会再“偷灯”读书了。

（2）打人惹祸被父打

同村有个贫农的女儿叫王存弟，据说现在鄂尔多斯居住。儿时离开后大约有50年再未见过面。现在想起我小时候把人家痛打一顿很是后悔，如果有朝一日她能看到《我的故事》，就当做我对她“晚来的道歉”吧！

全村大概有十多个小孩，每天一起到离家大约有5华里之遥的冯四圪旦村上小学。每天早晨，都是帮我报名、和我玩得很好的苗德文集合大家一起去上学。

有一天，在放学回家的路上，因为一件很小的事情，王存弟骂开我了。王存弟小时候很泼辣，人送外号“惹不起”，而人家又是贫农的女儿。眼看着她越骂越厉害，我当时忍气吞声，只是忍辱但谈不上是负重地用眼睛瞪着她。她的一句“你个地主‘隔胞’（骂人的话）儿子想咋呀”终于激怒了我。

我忍不住了，爆发了。跳起来，扑上去，揪住她的头发，将她摁倒在地，一顿拳打脚踢……要知道，一个14岁的男孩也有点力气了，况且我吃母乳吃到7岁，6岁就开始“卖牛粪”练壮了的身子骨，着实把比我大两岁、个子高出我一头的王存弟打得够戗。当同学们拉开架以后，王存弟已是鼻青脸肿，披头散发、嚎啕大哭着跑回家中告诉她的父亲王毛大去了。“不省事”又闯祸了，怎么办？苗德文劝我去他家躲一躲再说，我还底气十足、理直气壮地说：“她骂人，还不让我打她？”我就很固执地装作没事，若无其事地回家了。

不一会儿，王毛大领着王存弟来到我家。平时我叫他“毛大”叔，他给我留的印象既厚道又威严。虽然他没有文化，但很能沉得住气。父母一看王存弟的样子，心里已经明白了几分。父亲的脸色阴沉，我以前从没见过他发怒时那令人害怕的样子，不知他是想先发制人以此来表示对人家的歉意，还是真的对我愤怒至极，不由分说，他一把把我拽过来摁在地上痛打屁股。父亲还真打呀，疼得我嗷嗷直叫……直到“毛大”叔把他拉开才停了手。我记得几天以后走路屁股还疼，这是父亲第一次打我，也是我一生中挨过父亲唯一的一次打。

（3）“蚂蚁”报复行动

人的世界观和羞辱感也是与时俱进的。现在回想起来，叫你“地主儿子”那有啥呀？可当时觉得那是奇耻大辱呀！地主是人民的阶级敌人，敌人的儿子能好吗？而我又不想与人民为敌，所以特别怕别人骂我“地主儿子”。

还有一件忘不了的故事，马上就要发生了。叙说这个故事之前，我想先问一声：“王大蛋，你的手还臭吗？”

同村有个叫王保平（学名记得不一定对，但俗名叫王大蛋）的孩子，我是记得很清楚的。因为他有个“疝气”毛病，所以，自打小时候我们一起去河里玩水捉鱼发现后，大家就再不叫他学名了，“王大蛋”由此传播开来。他比我大3岁，身体很壮。在我14岁上小学五年级那年，我们俩发生了一件至今令我忍俊不禁的开心故事，起因还是因为“地主儿子”。

有一次，大蛋和我玩“撂坑儿坑儿”，就是在一定远的距离（大约有四五米左右）两头各挖一个小土坑，站在这头用铜板往那头的坑里扔，谁扔进去谁就赢得了铜子。我们两人玩着玩着便发生了争执。大蛋的一个铜子没有扔进坑里，而是停在坑的边上，他却要算进坑，我当然不能同意，两人就吵了起来。一般他玩这个赢不了我，这明明是他在耍赖。我说：“进坑为赢！”他说：“边上也算。”我据理力争，不肯让步。这时候，他抛出了我最怕提的、最能刺痛我的那一句话：“你个地主儿子还不老实。”

我脸憋得通红，怒目而视：“不玩了！”

我有气没处撒。用痛打王存弟的办法出气？不行，上次打王存弟的事要是算总账是我吃了亏。打了王存弟，我虽然出了气，但让父母也跟着受连累，何况打架我不是王大蛋的对手。我尽量压抑着心里的怒气，让自己平静下来，让事态平息下来。

过了一会儿，我主动和大蛋搭讪：“哎，大蛋，我们玩捉蚂蚁吧！”

“怎么玩？”大蛋说。

“你能用左手的拇指、食指、中指、无名指、小拇指挨着捏死50只蚂蚁，我能全部救活。”我很认真地对他说。

大蛋有些不相信："你要救不活怎么办？"

我慷慨激昂："我要救不活，就把我今天赢你的铜子儿全部退给你。"大蛋很高兴，求之不得，他心中笃定我是救不活蚂蚁的。

于是我们两人击掌为定。大蛋急匆匆到处找蚂蚁，我开始准备我的"蚂蚁"报复行动。

我两年半放牛的收获之一就是知道下雨前蚂蚁会搬家，我叫蚂蚁为"天气预报员"。记得那天刮着小风，但没有下雨，蚂蚁不搬家就很难找到蚂蚁。王大蛋急于想要回他输给我的铜子，所以他找得很卖劲。我悠闲地坐在一个固定的地方，让王大蛋抓一只蚂蚁向我报一个数，我就在地上画一道，而且要求他用事先定好的规则将蚂蚁捏死。过了大约1个多小时，大蛋汗流浃背，总算把50只蚂蚁捉够了。他气喘吁吁地挨着我坐下说："救吧，我看你用甚办法救！"

我借着小风用气一吹，把所有的死蚂蚁全吹到草丛里去了。我笑着对他说："大蛋，蚂蚁都救活了，我赢你的铜子儿也给你，够意思吧！"大蛋傻呵呵地笑着说："我就知道你救不活！"站起来认真地数着他的铜子儿，生怕少了一个，然后心满意足地屁颠屁颠走了。我也朝背着他的方向大摇大摆地离开。等到俩人分头走远了以后，我得意地大声喊："王大蛋！你闻一闻你的手！"

这是我放牛时得来的经验，我知道蚂蚁被捏死后会奇臭无比。那时我才捏死一个，手上就异味难闻，连着几天都洗不掉，而王大蛋却捏死50个，那臭味真够他受的了。从那以后，王大蛋几天都不理我，也不和我说话。他现在还记恨我吗？请熟悉王大蛋的人读了《我的故事》后转告大蛋，云升在此深表歉意。

（4）饥饿无奈暂辍学

小学还没毕业，我就辍了半年学。停学的原因是在当时的社会背景下、在求学还是求生的重大问题上，虽然我一心向书海，但奈何只能选择了求生。

1960年，正是国家遭受三年自然灾害、闹饥荒最严重的年代。从时局来讲，中苏兄弟闹翻了脸，国家经济受挫，让我赶上了饿肚子的年代。我们那个村特别穷，又遇上个很爱张扬的张姓大队书记。1959年，他跟着当时社会上的浮夸风虚报产、"放卫星"，把农民种出的粮食全部交给国家，结果农民自己几乎吃不上粮食，每人每天只给二两粮，全靠瓜菜充饥。玉米芯、杂菜、海草，凡是能充饥的都是"好"东西。社里发动人们把这些东西采集回来粉碎以后，熬一大锅粥不叫粥、菜汤不叫菜汤的糊糊给人们喝。大人一大勺，小孩减半，每户人家都提个打饭的罐子去打饭。因为当时还是人民公社食堂制，吃的是大锅饭。

父亲每天两次（一日只供两餐）从食堂把饭打回来，我们就围坐在自家的土炕上分着吃。这时家里只有四口人了，大姐、二姐已经出嫁，大哥跟他岳父住在一起，只有至今还是单身一人的二哥、我和父母一起生活。食堂分回的野菜汤饭根本不够吃，尤其是我已经15岁了，正是饭量大的年龄。家里分饭的时候总是把食堂分的饭量颠倒过来，母亲先给我捞稠的，等到给父亲、二哥舀完后，她几乎连清汤都没有多少了。

这样的日子，一天两天能将就，时间长了母亲能撑得住吗？于是，我问母亲："妈，你吃那么少不饿吗？"母亲骗我说："妈一点也不饿。"

"不信，不吃饭能不饿？"我又瞪着眼睛问母亲。

母亲说："我不和你们在家里吃，我的饭在野地里。"

记得那是一个星期天，我跟着母亲去地里，想看看她究竟在外面吃什么"野餐"。

在炎热的夏季里，母亲主要的农活是到庄稼地里锄野草。母亲从小跟很多旧时代的妇女一样是裹小脚的。由于站着干活不得劲儿，她就买了一把一尺多长的刨锄来锄地。她双膝跪在地上往前挪，刨地刨得很快。我看她只要遇见一棵能吃的野草、野菜，抖一抖土就往嘴里塞。当她看见一苗有营养的苦菜时便递给我说："三儿，快吃，这东西可养人呢!"我看着看着，顿时掉下了眼泪哭着说："妈呀！这就是你吃的'野餐'?"

笔止于此，我已泪流满面，难以续书……树欲静而风不止，子欲养而亲不待，世间最悲痛和无奈的事不过如此。我心里在悲痛地呼唤：妈妈呀！我们当时真是太苦了！三儿愧对您了！您现在要能健在，那有多好啊……

第二天我就不去上学了，每天捡牛粪上街卖钱。卖牛粪的钱除了能让我每天吃上两碗"串儿饭"外，还能给家里做点补贴，最起码生产队食堂分给妈妈的那份饭能吃到她自己的肚子里了。

当年秋天，新粮食下来了，农民们有了粮食，张书记也吸取了教训不再张扬了，因为饿肚子的滋味他也受不了。

"书中自有千钟粟，书中自有黄金屋，书中车马多如簇，书中自有颜如玉。"这句《民贤集》里的名句，父亲老早就给我讲过。一旦不饿肚子了，不读书是不行的！停学半学期后，在1961的秋天，我又在一个叫光荣小学的学校插班继续上学了。

故事4：在奋斗中学

小学升初中，也算我人生的一次大"赶考"。杭锦后旗20多个公社的100多所小学有近万名小学生，要考入奋斗中学（那时改为杭锦后旗第一中学）可不是件容易的事。当时杭后一中录取比例是40∶1。我读书的光荣乡小学共3个班，有120多人参加考试。结果，只有我和一名叫王占文的同学考上了这所学校。

1962年秋，我作为家乡的"大秀才"开始上中学了。生长在巴彦淖尔大后套的孩子们能够在奋斗中学读书，那可是人生之一大幸事，特别是在20世纪60年代那个艰难的岁月里。

后二排右四为云升

（1）美好的校园生活

记得在报名的前两天，母亲就开始为我准备上学的衣服了。她把二姐出嫁时穿过的黑色条绒裤子改了一下，就成为我喜爱的裤子，又从留足学杂费后的剩余钱里拿出几块钱扯了几尺“蓝市布”做了件上衣。我就这样“衣冠楚楚、雄心勃勃”地去奋斗中学报名去了。

我6岁去陕坝卖牛粪时没听说也没去过奋斗中学。到了学校才知道，这所学校就在我卖牛粪时二姐把我弄丢了的那个东北大桥往西500米的地方。

进了学校，觉得校园很气派、很讲究，我真有“刘姥姥领着她的孙子——板儿进了大观园”的感觉，一个农村孩子看见啥都觉得新鲜。我顾不得细看，觉得自己反正在这个地方最少也得读3年书，不！争取读6年，以后有的是时间看。于是，就顺着“初一新生报名处”小牌子上的箭头去报名了。学校把我编在了53班，班主任老师是一位叫倪成功的体育老师，从此，我就成了奋斗中学的一名正式学生了。直到1965年——中国开始“史无前例的文化大革命”的前夜，我一直在这个学校读书。

“奋斗中学”是爱国名将傅作义将军在国家危难之时、戎马倥偬之际、治军为政之余于1942年创办的一所“私立”学校。经过几代人的艰苦努力，1962年，在我进奋中读书的时候，这所学校已经办成为很有名气的全日制中学了。我在校3年（1962年—1965年），经历过的学校书记、校长有王福盛、杨泽（后为巴盟宣传部长）、崔淑琴、刘夏初、徐秀全等。他们办学非常严谨，记得我初中毕业的时候，徐秀全校长（一位精神矍铄的老人）在毕业典礼上讲话说，这3年总共接收大学毕业生36名，调出不符合学历要求的教师60多人。就这两个数字足以证明奋斗中学对教学的重视，也给我们那时的学子们带来了福分。

在奋斗中学上学的三年里，许多美好的回忆历历在目，也有许多致命的打击至今让我痛楚。因为当时年仅19岁的我无力抗争那时“社会的不公”呀！我没有一路上完大学，而是“曲线”拿上了函授大学文凭，自觉自己知识的“含金量”就少多了。

校园门口，抗日英雄傅作义将军亲手种植的那棵古柳；后生物园里每到蔬果成熟的季节，同学们夜半趋之若鹜的李子树下；劳动课上，同学们赶着“土绥鸡”到东北大桥东的粮食二库院内放养的情景，以及老师们讲课时的一幕幕精彩画面，至今我记忆犹新。

张万钟老师讲语文课时的幽默风趣像是刻在我的记忆中，记得他讲鲁迅先生“孔乙己”这一课时，讲到“多乎哉？不多也!”的时候那滑稽搞笑，他也摇头晃脑、抑扬顿挫，看上去就是孔乙已。

刘兴汉老师自编的“一元二次求根歌”很快在同学们中间广泛流传，数学课上唱的这首歌，至今使人耳熟能详……

莎仁老师讲几何课时总是面带微笑，而且脸上泛着气质性的红晕……（后来我才知道她是成吉思汗第30代“一脉后嗣”的格格）

张瑞老师手把手教我学拉二胡的情景以及敲钟焦大爷“一下三上二准备”那准确无误的钟声；闫明德大爷因为怕学生浪费水经常和同学们嬉骂追打那逗人的场景；郭三子大爷教我们怎样侍弄蔬果时的认真专注……这些都让我想起来心动，周身热血沸腾。

我上中学的时候，除了初三的后半学期住校半年，其余都是“跑校”读书的。每天往返20里路奔波在我6岁卖牛粪就走过的，16岁上中学又走的那条黄土路上。

我每天早晨早早起来，背上书包，带上妈妈头天晚上就为我做好的“午饭”去上学。下午放学后，我饿着肚子再急匆匆往家赶。夏天好说，而冬季下午6点钟放学时天已经黑了，等我赶到家时，全家人已经点着煤油灯（当时已由胡油灯“进步”到煤油灯）围坐在炕头上等我吃饭了。有时候，如果我在学校有事耽误了时间回来晚了，妈妈就在门口眼巴巴地瞭着我，见到我就会数落几句要我早点回来的话。就这样年复一年，日复一日，在初中的三年时间里，每日奔波于王五圪旦与陕坝之间，我粗略计算了一下，总行程几乎接近“二万五千里长征”。

我学习很用功，第二年就当上了班长。当班长虽然没津贴，但可神气了，每天整队、喊操，组织同学们上自习，让他们立正他们就不敢稍息。但“官运”不长，到初三就被罢官了，那是1964年，中国正搞“四清”运动，又开始大讲特讲阶级斗争了。

往事不堪回首！每当想起那三年的岁月，想起我美好的憧憬被残酷地毁灭，想起我“栋梁”的美梦被砸得粉碎时都会悲愤交集、感慨万千。但是，我并没有因此而颓废，因为在我身上天生着一种“个人英雄主义”，正如罗曼·罗兰所言：“世界上只有一种英雄主义，那就是了解生命而且热爱生命的人。”

(2)“游击学习”被恩准

到了初中三年级，同学们学习的劲头更足了。特别是像我们这些农村来的学生，如果考不上学校就没有任何奔头了，只想勤学苦练哪怕能考上个中专，也能为自己的人生找一条出路。我记得同班农村来的同学有赵文清（后改名为赵闻清考上了师范，现在阿拉善盟当儒商，同时从事文学创作，已有5部作品面世，系国家二级作家）、杨世荃（已于“文化大革命”时期被迫上吊自杀）、孙有权（考上内蒙古粮校，之后在杭后的小粮站里当过站长）、杨秉兴（考上巴盟师范，后在杭后物资局下设的一个机电公司当过经理）等，我们这几个农村来的同学每晚挑灯夜学。

我是临毕业的前半年开始住校的。每晚9点半打了晚自习下课钟以后，我们几个好学的同学还会继续留在教室里学习。焦大爷一打了熄灯钟，全校就关了灯，留在教室里学习只能用自制的煤油灯照明了。当时的生活指导老师是金维三，每天晚上把我们从教室往宿舍里撵，我们形象地称这样学习为“打游击”。我们软磨硬缠、央告求情，最后金老师无奈，就教给我们一个政治家才能想出的办法：“你们熄灯后半小时再学习我就管不了了。我的下班时间是晚上10点。”于是我们几个农村学生就这样点着煤油灯，挑灯夜学。一直坚持到中考的前3天。

紧张的中考总算结束了。从考场出来，我感觉发挥良好，回家静候佳音。

（3）“不予录取”回农村

发榜了，我却榜上无名。等待我的不是“佳音”，而是噩耗。我愤怒呀！真是“仰天长啸，壮怀激烈，试问苍天，何其不公”呀！

后来才知道，我们这些成分不好的学生，老师连考卷看都不看，直接盖上事先刻好的“不予录取”的蓝色图章，就把我们“赶”回了农村。我十分激愤，真想去找那些道貌岸然的“伪君子”老师们说理去！你们怎么能忍心断送你们亲自培育出的弟子们的前程呢?!

但现在回想起来，那些老师那么做也是出于无奈，那是当时的社会政治使然啊！

和我挑灯夜学的几个同学，除了我和杨世荃（他父亲是国民党军队的一个团长）、常树宽（他家是富农成分）等几个成分不好的同学没被录取，像邢继祖、宋广钧等城里的同学大部分都考上了高中、中专，他们的一生端上了“铁饭碗”，都有个正式工作甚至当上个小官儿，人家的日子自然也过得“四平八稳”。写到这儿，我想起一位名人说的话“蛰居者未必安逸，奋进者必有坎坷”也挺有道理的。

想起那个极“左”的年代，世态炎凉，人情冷漠。我初中毕业后在农村待了14年，奋斗中学的同学没有一个到农村看望过我这个曾给他们当过班长的“地主儿子”。

记得当时我回家蒙头大睡了3天，从此扎根农村。别的同学到农村叫上山下乡，我叫返乡务农。那一年是1965年，我19岁。

前排右四为云升，右五为奋斗中学现任校长彭银翔。

初中毕业44年后的2009年金秋，同窗学弟赵闻清几次电约，说要搞“同学聚会”。我想，聚会的意义无非有二，一是重忆当年那群少男少女们44年前那“恰同学少年，风华正茂，书生意气，挥斥方遒”时的情谊；另外可能是人到晚年，思亲忆友情结变重，到了“亲同学”

的年龄段了（此年龄段，我把它编成这样一个玩笑段子：小时候亲父母，是为了吃怀中奶、手中饭；长大了亲兄弟亲姐妹，是为了相互照应，有个帮衬；成了家，亲媳妇儿，是为了"栽根立后"，居家过日子；再后来就是亲儿孙，那是非亲不可的骨肉之亲；60 岁以后该亲的都亲遍了，轮到亲同学、亲战友了）。于是，2009 年 9 月 9 日，我驱车千里回到巴彦淖尔市杭锦后旗，与 53 班的 26 位同学在奋斗中学聚会（见照片），并把杭锦后旗旗政府准备招待我住两天的 4 桌饭变成了招待我这伙阔别 44 年的花甲老头、老太婆同学。

故事 5：可怕的"文革"中的"黑与红"

回乡第二年，中国历史上史无前例、绝无仅有的"文化大革命"开始了，那时，"文革"把中国人分成誓不两立的两大派。一派是 95% 以上的革命群众，另一派是 5% 的地富反坏右和"死不悔改"的走资本主义道路的当权派。我属于 5% 边缘上的一类，就是说，把你推一推就变成了人民的敌人，拉一拉就进入革命的怀抱。

同样是干一天农活，别人干一天记 10 分工，分值是 1 毛钱。而我劳动 1 天只给 8 分工，那 2 分是政治分。我的政治不合格，为什么？因为我是地主儿子。那时干一天活才给 8 分钱，有时还"倒分红"（就是现在说的企业亏损后盈利出现负增长）。

我每天日出而作，日落而不息，那时村子里经常搞夜战，干农活很辛苦。好在年轻，累倒好说，让我难忍的是受不完的气……几件不堪回首的往事浮现在我的眼前。

（1）"四类分子"子女的"三不准"

"文化大革命"开始后，我又被冠名为"黑崽子"，属于地平线下面的人，他们给我规定了几不准：不准加入红卫兵，不准参加"大串联"，不准乱说乱动……当时听说奋斗中学的同学到全国大串联，走南京，到北京，天南地北四处闯荡，我羡慕极了。

我作为“黑崽子”不让加入红卫兵。不过也好，按照“塞翁失马，焉知非福”的辩证观，在他们闹革命、大串联的时候，我在家读了好多书。后来，我喜好的好多历史名著被村里的红卫兵抄家抄走，现在想起来都心疼。

但每天晚上的批斗会是必须参加的。红卫兵把村子里的“地富反坏右”（其中有我的父母）拉到一起，让他们弯腰对着人群，人们大声喊着“打倒×××！”之类的口号。当喊到“打倒地主赵柱小！”（我父亲的乳名叫柱小子）的时候，我没有喊，但别的四类分子子女都喊着打倒自己父亲的名字。有人把这件事告给了大队书记——人们都叫他“挨虎”哥的人。“挨虎”对人们说：“三栋儿这小子在咱们村文化最高，要注意他的复辟思想，要把他打倒在地，让他永世不得翻身！”这是当时很时髦的一句话。

（2）难忘的批斗会

没过多长时间，全大队便组织批斗会批斗我。理由有三条：一是说我上小学的时候和同学们说过我赞成蒋介石反攻大陆的话；二是说我死心塌地要当地主阶级的孝子贤孙，和地主阶级家庭划不清界线，批斗我父母亲时我不喊口号；最有意思的是第三条——“桃色思想”，说我对比我大3岁的“花花嫂”虽然没有调戏之举，却有撩逗之意，资产阶级思想极其严重。

人们同样是喊口号，同样是让我低头、弯腰……

（3）家父面授机宜

当天晚上，就如何能应对这场史无前例的革命，父亲和我促膝谈心。父亲给我讲了历史上许多遭受大苦大难后又做成大事、受凌辱而存大志者：有韩信昔为胯下之夫后为人上之人，有司马迁遭受宫刑而著《史记》，文王被囚而演《周易》，屈原放逐而成《离骚》……父子俩不知不觉谈到天亮。最后父亲决定了应对这场革命的策略：他用“无语”来表现，让我用“表现”来表现。因为当时对我们的政策是这样的——只许老老实实，不许乱说乱动。父亲说：“不让乱说咱们就不说嘛，少说话顶如吃药。”像父亲这样读过四书五经的人，城府极深。他选择“无语”后，从此走到哪里都不说话，只是默默地干活儿。正是因此，父亲提前摘掉了“地主帽子”。在宣布“摘帽子”的社员大会上，我在偷笑，因为我知道他是装的，他基本没有被批斗几次，而我的亲大姨夫——地主吴肇被批斗了3次后就在一片小树林里上吊死了。

我被批斗了一次后，就开始“表现”了。

而我在奋斗中学的同班同学，也就是和我挑灯夜学的杨世荃在被批斗了两次，等红卫兵第三天晚上去找他时，已经顶住门在家悬梁自尽多时了。

“天将降大任于斯人也，必先苦其心志，劳其筋骨，饿其体肤”。我的未来还很长，努力地活下来了，并继续“表现”着，是我唯一的生存之道。

（4）尽力“表现”自己

我的第一个表现是靠近组织。当时的大队书记就是上面说过的那个长着大胡子的叫挨虎的人。他虽不算英年早逝，但活的寿数不长。据说我离开农村走上工作岗位后，他和他的大儿子在一年内都相继去逝。我觉得“挨虎”的名字叫得不对。“老虎”不吃人？你挨着老虎它不吃你吗？你挨着老虎能长寿吗？我有个不算唯物的观点：人的名字叫得过于“玄乎”，对本人不好。比如人的名字叫龙呀、虎呀、彪呀之类的都对他本人不利。我在乌海工作时，曾有一个本土小暴发户，他的4个儿子都叫“龙”，在我1999年离开乌海市的时候，他已经有3个儿子和1个女儿都在不到30岁时就相继死于非命。所以我想写“挨”虎时，用这个“毐”（读音 aǐ）字比较好，因为这个“毐”是专门用作起名字的。假使“挨虎”的父母有文化，就应该给他起名为“毒虎”，这样他的寿数可能会长些。一家之言，不足为据。

靠近组织就是靠近书记。我就有意无意地在他面前经常表现一下我的“才华”和“思想进步”，主动给生产队用粉笔写黑板报，拿大刷在墙壁上写政治口号，每年过年，全村家家户户的对联几乎全是我写的，内容都是革命语录（我现在的书法基础功夫可能与此有关）。我还给全村的农民义务理发，自己买来理发工具，不收大家一分钱。记得有一次给傻小子老增福的弟弟理发没有理好，那小子还哭着非让我给他赔“头”不可呢！

毒虎也想表现，他让我给他写一个向上级汇报先进事迹的典型材料，我给他写得天花乱坠，结果全巴彦淖尔盟在我们大队开现场会。记得有个叫李桂芳的副盟长问这材料是谁写的，并指名要见我。但一听说我是地主儿子，摇了摇头，“唉”了一声就走了。

毒虎高兴了，说：“‘三栋儿’思想进步了，能靠近我们贫下中农。”

我终于和他成了哥们儿弟兄，我的“表现”成功了。

毒虎家请人喝酒、吃饭，有我的座。邻居说，“三栋儿”能探上书记家的菜碟子了。

当时有个政策，叫“四类分子子女重在表现”。和毒虎关系好了就等于表现好了，他自然把我放在“可以教育好的子女”一类。

紧接着，毒虎有意给我几个机会让我表现。

当时我们这个村子很穷，毒虎让我领着农民去外地搞副业挣钱。于是我就领着几十个农民去临河县城（现在的巴彦淖尔市）搞土建维修，给生产队挣了不少钱。

农民过冬没有煤烧，因为城里的煤炭公司不向农民供应煤。当时不仅煤炭紧张，火车皮也很紧张，我硬是想方设法搞了10个火车皮的煤，使那里的农民们3年过冬没有挨冻。人们说我有本事：“三栋儿能把火车开回光明大队！”（我住的那个村是杭锦后旗红旗公社光明大队）

公社要买一台“铁牛 55”拖拉机，我和公社一个叫张维新的公安特派员到呼和浩特市跑了两个月硬是买上了。这下，我名声大震。因为当时从这个小村子到红旗公社，谁也没有办法能办成这等有分量的“大”事呀！

写到这里，我一直有一个当时不理解，现在仍然没有弄明白的事情。

花花嫂的家几乎成了毒虎的“办公室”，不论啥时候找他，他几乎都在那里。花花嫂的男人没文化，又不会讲话，几乎是啥也干不成。毒虎却经常派他和我常年出门在外办事、跑车皮调煤。是让他监视我呢，还是搞声东击西、以假乱真、指鹿为马的“政治家”伎俩呢？

想不明白就不去想它了，我就用郑板桥为他的画作《竹石》题写的诗句做个结儿吧：“咬定青山不放松，立根原在破岩中。千磨万击还坚劲，任尔东西南北风。”抄完这段诗句，我就写一段文学的永恒主题——爱情和婚姻的故事吧！

故事 6：无恋却永久的婚姻

首先坦诚地说，我和我的老伴好像只有亲情，没有过现在年轻人那种卿卿我我的恋情，只是平淡而真实地生活，扎扎实实地做夫妻。

我是 24 岁结的婚，这在 20 世纪 60 年代已经算大龄青年晚婚了。和我同龄的贫下中农子弟的小孩都快能拿着醋瓶打酱油了，而我们几个“四类分子”子女却都在“打光棍”。记得我还在奋斗中学上学的时候，我的小学同班同学邱凤鸣（已故）、邱凤岐是双胞胎，兄弟俩 16 岁就结婚了。结婚时那诱人的场面我至今还记得：用两辆农民所谓的“花轱辘大轿车”同时取回两个俏色的媳妇儿。

我回乡劳动 5 年以后，父母均年事已高，尤其是母亲老念叨想抱孙子。抱来的大哥和他岳父住在另一个村子，孙子们又很少回来，等于父母没有孙子。二哥和我都是光棍儿，于是母亲就到处请媒婆给我找对象。可是当时的政治背景正是阶级斗争白热化的年代，哪个姑娘想往这“火坑”里跳啊……

我的亲二舅有个连襟叫崔有才，按亲套亲的关系我叫他姨夫。他是远近有名的“崔媒婆”。他喜欢给人们办好事，帮人娶媳妇儿当然是好事儿了。

一天，母亲一早起来准备酒饭，说要请“媒婆”给我介绍对象。原来这“媒婆”就是我那位亲套亲的姨夫崔有才。姨夫见了我说：“三栋儿，你想找个什么样的?”我说：“我当然喜欢品貌皆优的了。但我这家庭能选择人家吗？姨夫，你就给我找一个不嫌我是地主儿子、会给我妈生个孙子的女人就行。”我的这句话说得全家都笑了。姨夫给我介绍了一个女人，她叫潘慧琴，在我的亲二舅和她的继父极尽讨价还价之后，终以砍去“三大件”、500 元彩礼“成交”。见面 48 天后，我现在的老伴，也是我唯一的“糟糠之妻”——潘慧琴就成了我的终身夫人了。当时农村有句话说‘丑是家中宝’，老潘确实给我的家庭带来好多温暖。

“洞房花烛夜，金榜题名时”，这可能是中国人最幸福、最得意、最浪漫温馨的时刻了，而我们的新婚之夜却没有鲜花，没有蜡烛，点的是用墨水瓶自制的煤油灯。在昏暗的灯光下，老潘向我哭诉她的苦难经历……

老潘在 8 岁的时候，父亲就连病带饿死在荒野，直到两天以后才被人们发现。翌年，母亲带着她们姊妹 4 人步行千里，穿过漫漫的腾格里沙漠，一路风餐露宿，靠乞讨充饥，从甘肃民勤来到大后套。老潘记得她们逃荒路过一块农民的蔬菜地，一个农民老大娘给了她们每人一个蔓菁，那个蔓菁的可口香甜她直到现在都忘不了。老潘的母亲改嫁到巴彦淖尔盟杭锦后旗以后，又给周家生了 4 个孩子。老潘在继父家里生存的十几年也非常可怜，12 岁以后她就开始干大人的活了，一年四季每天都是天不亮就起床，夏天挖苦菜，冬天捡烧柴。她们亲姊妹 4 人谁都没有上过一天学……

这一夜，老潘依偎在我身旁，边哭泣边倾诉。噢！她也是一个苦命人。原来这是上苍的安排，是让我们两株“苦”丁香结合在一起了。我抚摸着她、安慰着她并说出了下面的豪言壮语：“别哭！本丈夫今生今世一定让你过上好日子！”我同时给了她一个六字忠告：“听话就能幸福”。因为她没念过一天书，父亲去世又早，母亲也没文化，可以说她是没有受过任何文化的教养。很多事理都是在以后我们“过日子”中慢慢学来的。这样，我就责无旁贷地成了她的第一任“导师”。

※ 老潘其人

下面把老潘的情况做个简介。

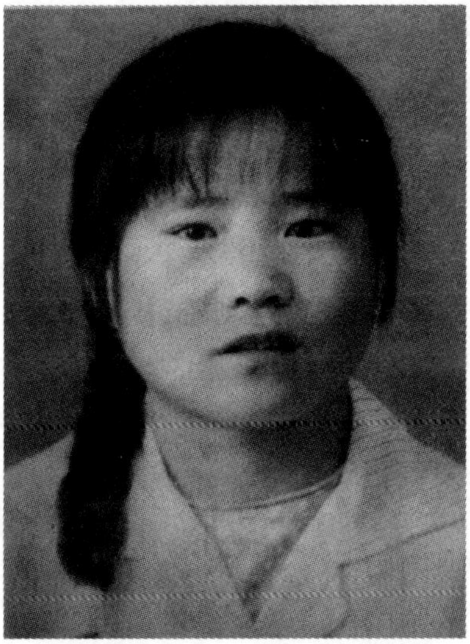

潘慧琴18岁时的照片

潘慧琴，女，身高1.5米，出生于1950年11月初五（和我的生日相隔一天，现在，我的儿女们为了省事，就把每年的农历十一月初六定为我俩的共同生日）。

她目不识丁（后来，我进城工作后给她找了个上班的地方。她在领工资的时候不会签自己的名字，没办法，我只好给她刻了一个手章代替签字。）

籍贯：甘肃省民勤县收成公社人。民勤人勤劳倔犟，老潘就是这种性格。民间说：“民勤人翻得很，蒸出的馒头酸得很。”尽管她有时不明事理，但总的来说是一个本分过日子的女人，她“嫁鸡随鸡，嫁狗随狗”，在婚后那么艰苦的日子里，无怨无悔，从一而终。我和老潘“风雨相伴四十载，沧海桑梓甘泉来”。我的父母盼来了3个孙子，我现在也有3个孙子，这些都是老潘的功劳。

也许莎士比亚说得有道理：“不太热烈的爱情才会维持久远。”相濡以沫、柴米油盐的温馨往往比轰轰烈烈的海誓山盟来得更为隽永。

故事7：“人大提案”

在“春天的故事”唱遍大江南北的时候，许多“翻起来”的同学朋友移情别恋，另娶新欢。我奋斗中学的两位学兄就这样做了，他们离异再婚后，儿女们受到很大影响，没有一个能考上大学。（就此事我还规劝过他们，结果我人微言轻，他们还是“色”迷心窍不听劝告。）

父母离异对子女的伤害是个社会问题，我认为没有特别大的问题最好不那么做。没有孩子的时候，婚姻可以“自由”，因为这时影响的只是两个人，可是一旦有了“结晶”，我就劝人们千万不要轻易离婚，不能光为自己“快活”，不为儿女着想。婚姻非儿戏，离异可是涉及两代人的事呀！

我作为中央媒体记者连续9年参加了内蒙古十届、十一届共9次人大会议。每次会议期间我都向内蒙古的几位全国人大代表建议给现在的婚姻法提点意见：请他们建议全国人大常委会在修改《婚姻法》时能否考虑“已经有了孩子的男女双方，孩子年龄在25岁以前一律不能离婚”。

我对个人婚姻是这样想的，不妨现在说出来和大家商榷。

一个人的婚姻如果能维持就尽量不要离婚，婚姻重在“培植”。现代人把夫妻称为爱人或伴侣，其实，它的标准提法就叫“配偶”。既然给你配上了，你就要正确对待。现在就把我和老伴儿几十年不舍不弃走到今天的事儿来个现身说法吧。

她没有文化，我就用孔子讲的“女子无才便是德”给自己解心宽。

她有时蛮不讲理，又属虎。女人属虎就厉害了，她偶尔和我吵架拌嘴，虎啸山林厉害得很。这时，我就自我消气：“夫妻吵架是家庭的交响曲”、“夫妻不吵，身体不好”。

她并不妩媚娇艳，但我觉得能过日子就行。这时我找出一种自我满足的理论：舞台上的演员长得倒漂亮，但那是供众人欣赏的，你觉得好，别人也觉得不错，闹不好会给你惹来好多麻烦。

每当我想到老伴儿的这些不足，就和历史上的名人作比较。比如三国时的诸葛孔明才高八斗，位及人臣，其妻黄氏却奇丑无比，但诸葛亮却成了几千年来中华民族聪明智慧的象征，称其为“三统天下诸孔明”。而《水浒传》里的及时雨宋公明娶的妻子叫阎婆惜，施耐庵把她描绘得“花枝招展”，而这个婆惜不仅给宋江戴了“绿帽子”，还闹出命案把宋江逼上梁山。

我觉得婚姻问题也得用辩证法来看待。婚姻这东西，既然给你“配”上了，我们就要培植，就要学会“凑合”，用现在时髦的说法叫“保鲜”，或叫经营爱情。任何人都有长有短，尤其是已经有了儿女，最好就别折腾了。“春风解冻，流水照旧”，忍一忍，一样日出日落过日子。要知道“打碎一个旧世界，又要建设一个新世界”，家庭破裂，再重新组建一个家庭那多劳神费力，有多麻烦呀，我们有精力还不如趁着有限的生命做点正事。我自己这样做最大的好处是不让自己的儿孙遭逢上后爹、后妈、后爷爷、后奶奶、后姊妹……那样做不是把自己家族的宗脉都搞乱了嘛！但绝对的话是不能说的，如果夫妻双方老了还磨合不到一起，那就不能再“磨”了，因为人生的机器已经老化，再经不起“磨损”了。最近我看到媒体报道：加拿大有两位年过九十的老翁老妪，当他们的手里拿上离婚证书时脸上露出了灿烂的笑，我倒是很赞赏的。

我的家庭和那几位为了一时之欢而离异的老兄就形成了鲜明的对比。我的 3 个孩子全都上完大学而且又有一份很好的工作，一个姑娘还在澳大利亚学习。我的观点和做法能做标范或给人以启示吗？这里我想引用法国作家沃维纳格的一句名言：“习惯就是一切，甚至在爱情中也是如此。”执子之手，与子偕老，其实并非难事，事在人为。

故事 8：为人夫难，为人父更难

1965 年，我从奋斗中学毕业后被“逐放”回农村；1979 年，我又从农村挣扎出来当上“孩儿王”。在农村的14年里，还有许多苦日子、苦营生都让我无法忘记，只有筛选几件写出来，才能让云升的“苦、辣、酸”故事更加“丰富多彩”。

※ 1969年结婚后，生活简直没个着落，供养全家生存的油、盐、柴、米都成了大问题。这时我才觉得，“地主儿子”不仅找老婆难，而且为人夫和为人父更难呀！

生产队每年的劳动“分红”还不够还娶老婆借债的十分之一，怎么办，穷愁潦倒？不行！我得坚强起来。因为在随后几年里，我的子女们就要来到这个世界，他们将是我人生奋进的动力。我觉得人的一生要做到两个延续才算活得有意义：生命的延续和资本的延续。

※ 结婚第一年，两元六角钱过了个年。全家过春节只买了两盒金鸡烟，每盒8分钱；一瓶“串香”酒，每瓶8角钱；两张红纸写春联；买了5角钱的爆竹在年三十晚上用来迎“财神”。好在3个儿女还没有出生，这年过得也清净。父亲说：“年好过，日子难熬呀！”

※ 1970年的春节，农村放10天长假。有钱人放假是吃喝玩乐，我们穷人放假能干啥？只能惆怅倍增。于是我吆喝了几个更穷的姑表弟兄（他们都是地主儿子。说也怪，我的亲爹爹、亲舅舅怎么全是地主呢?）到磴口县的那林陶亥沙窝里捋蒿籽卖钱。家里为我们准备了10天的干粮，我们提了一大塑料桶的水，就吃住在“沙窝”里。那10天用“饥寒交迫”来形容一点都不为过。10天捋了20斤蒿籽，让那年已经是70多岁的老父亲汽车上、火车下地跑到老家——土左旗忻州营卖了个好价钱，这是云升成家后淘的“第一桶金”。

※ 家里老是受穷，光靠生产队分红，不搞多种经营难以挣钱。结婚第二年，听说猪娃子贵，养母猪卖猪娃子能挣钱，于是我就向岳父村子里的农民“赊”了一头老母猪来饲养。天怜幽草，天济苍生。老母猪第一窝就下了9个“光油活水”的小猪崽儿。满月后，当地的价格不高。那时的市场流通闭塞，我就借了辆自行车，驮上猪娃子，绕行磴口县，穿过三圣公黄河大桥，行程几百里，终点便是伊克昭盟

（现在的鄂尔多斯市）巴拉亥。一路叫卖，终于卖了个好价钱，这算是我成家后淘的第二桶“金”吧。

※ 在巴拉亥卖猪崽儿时与亲戚闲聊，得知那里有一个农场急于要买葱籽。我问好他们给的价格，回陕坝市场一问，巴拉亥出的价格比陕坝市场价格高了两倍，我心里暗自高兴。当天没有回家，就用卖猪崽儿准备还债的钱买了50斤葱籽连夜返回黄河边（因为卖猪仔有了钱可以坐船过黄河，少绕500里路），第二天一早坐船过黄河到了巴拉亥，这是云升淘的最重的一桶“金”（这件事，当时不能让村里人知道，不然要给我定个“投机倒把”罪）。

记得回家时我在黄河边上给父母买了一条2斤重的纯黄河鲤鱼，想起父母吃鱼时的那个香劲儿，是云升写回忆录时最开心的一瞬。

※ 当时我们村每个农民分三分自留地（不到三分之一亩）。于是，我就在全家的一亩二分自留地上做开文章，大搞“资本主义”活动。种党参（一种药材），种胡萝卜参（和党参掺在一起卖），种大蒜，种白菜……根据每年秋季市场上农副产品的价格走向，我来确定第二年的种植种类。我和本村刚从河北献县迁来的一位农民，我叫他“老路哥”的一起探讨研究种植品种和种植项目，因为那时河北的农民种蔬菜很有经验，尤其种大蒜在全国有名。我虚心地向他学习，因此还成了很要好的朋友，后来我每年回故乡给父母扫墓都会抽空去看他。

“花多不艳”，故事写多了也令人生厌，反正不就是个“苦”嘛，下面再简要说上3个一句话的“故事”，然后再带读者去阅读我以后的故事吧。

一、我在农村14年，在生产队开的砖窑上泥出水进扣过3年的土坯。挑水、和泥、打浆，样样奇累无比，这应该是农村最累的活。

二、夜里带生产队组织的掏粪队回我的母校——奋斗中学“偷”过“肥”（这事要违法也是生产队让干的）。

三、所有的农活，犁、耧、耙、耕、收割、打扬、整地、挖渠等，所有农民会干的活儿我都能干。因为我比农民还农民，而且还是最底层的农民，为啥？因为我是“地主儿子”。

英国作家萨克雷说：“播种行为，可以收获习惯；播种习惯，可以收获性格；播种性格，可以收获命运。”也许我的命运就是因为播种行为而来的。

故事9：父母归天

1974年到1976年3年之内，我的父母相继辞世。可怜我的父母，有病也没住过一天医院。父亲临终时，用暗淡的目光直直地看着我的耳际说：“三儿，你看你的头发边离耳根那么近，你的一生不会有多大的依靠，你没有靠上我，还跟我受了那么多罪，我用勤劳换来的富裕你不仅没有享受过，还给你带来那么多灾难……”接着，父亲用微弱的声音断断续续地说，“你看你的耳垂是朝上翘的，将来老了肯定会有后福，你要坚强地……活下去呀……”说罢，父亲永久地离开了我们。

我失声痛哭：“大大，你就放心地走吧，我绝不会虚度此生的……”我悲痛欲绝，哭得当场休克过去，后来才被人们救醒过来。我知道我不仅是在哭父亲，也是在哭自己呀！

可怜的父亲只活了76岁，母亲才活了69岁。而我的亲四叔赶上了现在的好时代，在我写回忆录的前一年去世，享年91岁。

父亲曾用“麻衣看相法”给我做过总结，我后来的生存实践证实了他的话的准确性。我前半生的遭遇被父亲言中，全靠自己顽强拼搏。那我的后半生呢？我在拭目以待……

物质上，我确实没有靠上父母什么。记得我结婚的时候，家里要啥没啥，结婚用的房子是我一个人用了3个月的时间扣土坯，然后用“变工”的办法请人盖起来的；结婚用的680元钱是我自己向20多位亲朋好友借来的，这笔欠债一直到我的大儿子3岁时才彻底还清。比起我为3个儿女供书识字、起房盖屋、成家立业、安排工作以及给孙子们买钢琴、买电脑、买汽车的“时髦奉献”，父母亲确实没有在物质上给过我什么。更让人心酸的是，父亲当时窘困到没有给他的亲孙子买过一块糖。

但是，父母给我留下的“精神”上的东西却让我终生受用。他们遗传给我的勤奋、聪颖、顽强的性格基因是我最宝贵的财富。他们奉行的“天道酬勤，任劳任怨”成为我一生的座右铭。

据乡邻们讲，父亲虽说是个“地主”，却是个闲不住的人，起早贪黑，干活时间比“长工”还长，干的活儿比“长工”还多；他们节衣缩食，攒下钱就买土地，据说母亲要出门进城还得向她的妹妹借衣服穿。

乡邻们还说，父亲是个老善人，一天到晚不怎么说话，但他们哪里知道，那时的父亲是不能“说”呀！他和我单独在一起的时候，他能讲很多，我几乎没有话语权。

父母若是在天有灵或地下有知，云升以“上不有负列祖列宗，下不愧对儿女子孙”而自勉；以“传家有道惟存厚，处世无奇但率真”而自教，并以此为家训，希望我的后裔们能够传承、延续……

在此，我有一事要告慰父母：你们的二儿云祥虽然一生未娶，无儿无女，但他生前云升把他安排在了家乡的敬老院，晚年过着衣食无忧的日子。在我写作《我的故事》这一年的农历正月初二，他在杭锦后旗红星敬老院去世，享年77岁。云升还出资为他娶了“阴间配偶”，并率子孙及亲眷赶回去为他送终，以尽手足之情。

父母去世的年代是“文化大革命”将要结束的前夜，他们的葬礼只有很少人参加，就连我的亲大姐都没有到两位老人灵前送终。大姐嫁给了本村一个贫农的儿子——后来当了内蒙古公安厅的一个小科长。那时，他们讲“阶级亲”，当时云升理解不了。但现在我懂了，除了政治本身，他们无非是怕当时被认为是政治路线不清会丢掉那小小的乌纱帽而已。其实，“阶级亲”和“亲戚亲”并不相悖，我觉得只是人们对中华名族传统孝道的认识不同或是自己的私欲在作祟。尽管我的大姐一直对我很好，但这事必须写出来，因为我是在写历史，写历史必须要尊重事实。

孟子云："孝子之至，莫大乎尊亲。"在这里，顺便敬祭二老一副挽联，以寄托哀思：

考妣驾鹤遨游已赴蓬莱座客极乐西天，

云升挥泪祭祀悲天恸地遥祝英灵永存。

下面再讲两个"苦涩"的故事。我就要苦尽甘来了！

故事10：表现过头遭嫉妒

在我过去的人生苦旅中，还有几件事必须大书特书。因为在那个以阶级斗争为纲的年代，我对当时的政策和现实的确产生了怀疑和不满，这使我受到了莫大的压制。尽管我"表现好"了，可他们还是和我这个"地主儿子"过不去。

从1973年开始，巴彦淖尔盟提出"大搞农田基本建设，全民动员挖排干"。而我从1974年开始一直在外面给生产队办事，跑呼市，到乌海，火车上，汽车下。在以后住学习班审查批判我的时候，说我背着文明包，卡着眼镜，戴着礼帽，拄着拐棍，把我完全描画成一个"土地主"的形象了。他们冤枉人呀，我身强力壮拄什么拐棍？我从不喜欢戴帽子，哪儿来的礼帽？我眼睛近视，带个眼镜也是罪吗？这世道是怎么了？

其实，还是自己当时政治上不成熟。我的表现过头了，我没有看清当时的政治风云。那时，"文化大革命"的阴霾还没有散去，又一场打击资产阶级的运动就要开始了。我忘记了自己还是一个"地主儿子"。你比贫下中农高了，还活得出人头地了，有些贫下中农心里能服气？能不妒忌你吗？

1975年的冬天，生产队决定把我从临河"挣钱"的岗位上抽回，来到轰轰烈烈的挖排干第一线。

我到挖排干工地的季节正是数九寒天，工地上人山人海，整个一个全民总动员。泥土的冻层接近一米，真可谓“地冻三尺非一日之寒”。挖排干的人们分成白班和夜班，夜班的人员负责打眼放炮，用炸药把冻层炸成碎块；白班的人用杠子抬，用箩头挑，用背背，反正得运到30米以外的渠坝上，之后挖成一条沟就叫排干。专家说，这排水沟可以把河套的盐碱排出去，减少土地盐碱化，粮食产量可以大大提高。

我被分到白班用箩头担土，现在想起来肩上还觉得隐痛。一担土足有60公斤重，我的肩头是没有被搓压出来的细皮嫩肉，挑一担土，只觉得扁担往肉里钻。当时人们说三栋儿挑一担土，嘴型得变3次。那可是真疼呀！那年的生产队长叫何侉子（毒虎是大队书记），是他看到我在毒虎跟前的“表现”心里不平衡，还是骨子里就对我娼嫉、惯恨？他处处想找“地主儿子”的毛病，对我呵斥欺负、百般刁难。走得不是，坐得也不对。

挖排干是全民运动，我们队去的那么多的民工都住在靠近大排干四支公社的一个小村里。农民的房子根本不够外来的民工住，于是就把我们安排在搭着棚子的羊圈里睡觉。我到挖排干工地的时间晚，何侉子不知是故意欺负我，还是按“序列法”排列的，反正他把我的睡铺安排在羊圈的门口。夜间寒风凛冽，冻得我一晚上都睡不着。

我心里不服气，认为他在欺负我，所以想报复他。怎么报复呢？大的报复要犯法，只能用小的报复解解气。

当时挖渠的人们穿的都是水靴，一到晚上，都要把水靴放在火炉旁烘干，第二天才能再穿。何侉子穿的水靴最新，我是认得的。人如果冷了小便就多，夜间每次起来到羊圈外面小解都很受罪。有一天晚上，我趁何侉子不注意就把他的水靴放在我的身边当作“尿靴”使用了，到天明再悄悄地放到外面。那是滴水成冰的季节，不到十分钟，水靴就变成硬邦邦的“冰靴”了。

早上起来，何侉子瞅瞅这个，看看那个。我装作啥事都没有，故意问他：“何队长这是咋了？昨晚做的梦不好？”村子里有一个傻小子叫李增福，一听说何侉子的水靴被做了“尿靴”了，傻呵呵地笑个没完，何侉子就以为是增福子干的，把老增福臭骂了一顿。结果，何侉子那一天因为没穿水靴，把脚都冻坏了。这种恶作剧的报复能算是对自己的一种慰藉吗？（辛卯年回家乡为父迁坟移陵时听人们说，何侉子和他的弟弟何二侉子，几年前都在60岁左右就先后死去了。云升在此也对他们表示哀悼，毕竟是同村人！）

事情虽然过去了，但留给我很多的思考。宋代苏轼曾在《私试策问》中写到“君子以其身之正，知人之不正；以人之不正，知其身之所未正也。”也许可恶者本身就是我们的一面镜子。

故事11：学习班里被人打

我给村子里做了那么多事，和毒虎关系又那么“铁”，但风云变幻，好景不长。1977年，我被送到公社办的学习班，毒虎被送到陕坝监狱，原因是怀疑我和毒虎有经济问题。我又笑了。唉！人生呀……

在全大队召开的有上千名农民参加的批斗会上，我和毒虎同时被带着枪的民兵押回我们所在的光明大队接受批判。我挨着毒虎站着，但这次没让我们弯腰，我看着毒虎直笑，毒虎不解其意地问我笑啥。我说：“今天的批判好多了，不用弯腰站一天也不难受。你过去批斗我的时候让我弯腰那可真受不了呀！”

我在公社整整参加了40天的学习班。这个班名誉上叫学习班，其实不学习，就是参加劳动、交代问题。工作组有个年近60岁的副组长叫赵振堂，硬逼我承认和毒虎有贪污行为，让我交代和毒虎的问题。我说：“我和他能有啥问题？你们不知道我和他是什么关系？”赵振堂说：“你们是同流合污！”我说：“那是假象！”我没有说毒虎的任何坏话。于是赵振堂就用脚踢我，我说：“你想要犯错误，搞逼供信？”因为那时上边已经提出“要文斗，不要武斗”的政策。他见我讲得慷慨激昂、义正辞严，又用绳子捆我的胳膊，我当时正年轻力壮，一把把他推开，就跑到公社大院找公安特派员李贵平告状去了。李贵平是个行侠仗义的年轻人，他听了我的诉说之后，就气冲冲地去找当时的公社书记刘金山，反映赵振堂打我的事。据李贵平说，刘金山当晚就召开了党委联席会议，批评了赵振堂的做法。以后，赵振堂就再也不管我了，有时在公社大院见了我还躲着走。

我真心袒露：我和毒虎没有一点舞弊行为。如果换成另外一个毒狼或毒豹，我说不定见钱眼开会弄出点“舞弊”的事来。我傻呀？敢和毒虎同流合污吗？

在学习班40天，我被查出几年来外出办事开销的“不合理”的烟酒费、吃饭费1360元，算做我的贪污。我为了积极“表现”，把家里所有值钱的东西全部卖掉（半价卖给了老潘的亲姨妈），补了这个“贪污”费用。

两年以后，中国“拨乱反正”给我平反昭雪，这1360元“贪污”费又全部退给了我。

住学习班如同变相坐监狱，不让回家，不让随便接触人，吃住都在学习班。这40天里，除了我的老伴带着3个孩子来看过我（背着我刚过周岁的女儿，领着两个分别是3岁和5岁的儿子），还有我的二姐和一位叫苗贵如的表兄去探过“监”，再无人问津。

想起在农村的33年，我举目无亲，门可罗雀，在我的记忆里好像找不出一个能够真正与云升推心置腹、肝胆相照、荣辱与共的“亲朋好友”。我甚至怀疑，世界上有“亲”、“朋”二字吗？

那时，我看人、看世界的心一直是冷漠的。仔细想我这个人，从小“爹爹没亲，姑姑没抱”，来到人世眼睛一睁，没有见过爷爷奶奶、姥姥姥爷的尊容（他们在我出生前都已辞世）。当时我想，我今生今世能享受到人间的亲情和温暖吗？

古人有“十年磨一剑”之说，而我却忍辱负重、违心改性地在农村表现了14年，直至1976年我们党清除了“四害”，1979年，在中国唱响了“春天的故事”，我才终于成为一个真正的、真实的赵云升了。

苏联作家奥斯特洛夫斯基说："钢是在烈火和急剧冷却里锻炼出来的，所以才能坚硬和什么也不怕。我们的一代也是这样在斗争中和可怕的考验中锻炼出来的，学习了不在生活面前屈服。"而我这苦难励志的33年经历，能算做是在烈火和急剧冷却里锻炼出来的吗？

故事12：否极泰来

"1979年，那是一个春天，有一位老人在中国的南海边划了一圈……""春天的故事"唱响大江南北，中国人民高兴的时代到来了。虽然这个时候我国恢复了高考制度，但我住的杭锦后旗红旗公社的中学却没有几个学生能考上大学。为了提高教学质量，公社决定在全公社范围内招考一名中学教师，公社点名要我参加。参加考试的30多名农民全是近几年毕业的高中生，而这时的我，初中毕业已经14年了。

记得考试是在红旗中学的一间教室里进行的，共有4个人监考，其中两名是公社干部、两名是中学老师。考场特严肃，监考特认真，我记得有个人因为偷看别人的考卷被当场取消了考试资格。

考试成绩第三天张榜公布，我的成绩比第二名高了10分（其他人大都是因"文化大革命"荒废了学业）。

听说在决定任用教师的公社党委会上因为我争论得很激烈："地主儿子"能教书？据说当时的公社党委副书记邬美田竭力推荐我（因为他是我们村的包队干部），公社书记刘金山一锤定音，讲得铿锵有力："我们为啥落后，主要是教育上不去……"

终于接到了通知。我被录取为红旗中学代课老师，当上了一名挣工资的人民教师，每月工资是36.8元。正如孟子在《万章上》中所言："莫之致而至者，命也！"从此，我开始了人生的第二段旅程，这段旅程可以用一个"累"字来表达，整日为生存、为事业而奔波……

中　篇

33 岁以后为生存、为事业而奔波，一字以叙之曰：“累”——奋发拼搏的“三·九”27 年。

故事13：人生追求的理论探讨

中篇需要破题，破题之后才能继续。不然认识论发生混淆，显得我这个人就混混沌沌了。

在我的心目中始终有一个“论剑”话题——人干工作究竟是为了生存还是为了事业？在现在“实事求是、与时俱进”的思想理论指导下，还是说实话好。我觉得像我们这些凡夫俗子，或者说平而又平的人，即便你有个一官半职，也都是以谋“生存”为第一目的，而把“为事业”作为一种为要达到“生存”目的的一种高尚手段。平民和伟人的区别可能就在这里。普通人大都是在谋“自生”，而大人物却是在谋“众生”的同时也是在谋“自生”。我探讨这两个词的日的就是想把人生的某些道理弄得明白一些，以做到如《孟子·尽心下》中所说：“贤者以其昭昭使人昭昭”，避免“以其昏昏使人昭昭”。

谈这个话题，得先从人的知识谈起。我首先提出什么叫知识，什么叫知识分子。我觉得一个人应该具备以下两种知识才能算做一个真正的知识分子，才有可能成为一个真正成功的人。一是谋生的知识，二是养身的知识。那么知识的用途是什么？我自己认定“知识”就是谋生的实力和技能，掌握知识的目的就是为了谋生。拥有的知识越多，你谋生的本领就越高，你自己创造得到的“生存”环境就越好。世界上所有的知识都归于这两个知识范畴，而这两个知识又都是为自己的“生存”服务的。一个人要生存、要发展必须有“谋生”的知识和本领。你从小上学，学语文、学数学，学各种课程，学那些有什么用？是能吃还是能喝？说穿了还不就是学习“谋生”的本领！而养身的知识就是学习“保本”的知识。过去有“身体是革命的本钱”之说，现代人又提出“健康是一，剩余都是零”的理念。“皮之不存毛将焉附”？所以，谋生和养身的目的还都是为了生存。而“为事业”就是众多的谋生者为了达到更远大的生存目的而作出的不懈努力，只不过“为事业”的提法比“为生存”看起来境界更高尚而已。这个观点也不过是“率真”性格的云升告诉大家的真话而已。其实“为生存”和“为事业”是一回事，或者说是人生的两个奋斗目标的统一体。这样解释，我觉得我为了生存而奔波和我在入党宣誓里的“为共产主义事业而奋斗终生”的话就不矛盾了。

我把这一观点提出来，让大家去琢磨并评鉴，我还是继续我的回忆，写我的故事吧。

故事14：初为人师

1979年，我三十三岁。开始了我在红旗中学教书两年的经历。

结束了苦不堪言的“地主儿子”的生活，我当上了一名月工资36.8元的代课教师。在村里贫下中农的眼里，我变成了另外一个人了，过去那些对我横眉冷眼的人和我说话的腔调、看我的眼神都发生了变化。

我自己觉得被压抑了几十年的激情在往外迸发。和奋斗中学的那些青春年少之时就有了满意工作的同学们相比，虽然上苍给自己工作的机会整整迟到了十四年，但“晚春也是春”呀，我暗自为自己定了十六字的做事格言：“低调处事，不善张扬，潜心奋进，后来居上。”以此作为奋斗目标，决心活人要活出个人样，做人要做出个味道来。

记得第一次去学校报到，是一个“不是春光，胜似春光”的秋天。我家离红旗中学大约有5华里路。我骑着一辆破旧的自行车行进在乡间的小路上。这时，我的心情是别样的，我突然间觉得周围的天地万物都变了样，每天熟见的东西都变得喜庆了。路边的庄稼有的青翠欲滴，有的一片金黄，它们在微风的吹拂下好像都在对我点头微笑；“二斗渠”里哗哗流淌的河水好像也在为我歌唱；沙壕渠畔上那棵我看了几十年的老垂柳也好像扭捏着为我摇曳起舞；沿路碰见的本村下地干活的邻居们一个个都向我打招呼，脸色由过去的不屑一顾变得笑容可掬了。从此以后，再没有人骂我“地主儿子”，也不叫我“三栋儿”了，一夜之间都叫我“赵老师”。

那时，别看我活了三十多岁，也读了不少书，可我对“人”这个字的认识还那么肤浅。人有伟人、名人、富人、穷人、高人、俗人、好人、坏人之分。其实，人在自然界生存，他的待遇是随着“地位”的变化而变化的。“胜者王侯败者贼”、“富在深山有远亲，穷居闹市无人问”，这些历史名句确实很有道理。原来，这个世界上有好多人都长着一副像戏剧里的“变脸”，包括我的妻儿也一样，每当我月底把工资拿回家或给孩子们买些他们喜欢的东西时，他们都对我那么殷勤，脸上都堆满了灿烂的笑。

第一次让我给学生讲课，大概是快放寒假的时候，我穿的是自己非常喜爱的白茬山羊皮袄，这是我在农村多少年都没有穿过的“好衣服”，但一进学校和那些衣冠楚楚的教师相比，还是觉得太土气了。

我的第一节课是给初三毕业班讲物理。头天晚上备好课，我把所要讲的内容——阿基米德定律背得滚瓜烂熟，还把要给学生留的作业标记得清清楚楚。

我走进教室，几句师生见面的惯例问候之后，我脱下山羊皮袄往窗台上一放，拿根粉笔就滔滔不绝地开课了，我心里当然知道自己实际是在“背课”，要知道我初中毕业后已经有 14 年没有和物理课本打交道了。学校的教导主任叫王培亮，他坐在教室最后面听我的课，但我不紧张，因为自己是受过“高压”的磨炼的，而且是一个已过而立之年的成熟男子。第一节课讲完后，王培亮对我说：“你好记性，好口才，备课认真。”学生们的反应也可以：“赵老师讲课不用带教案，就带两支粉笔。”面对这些评价，我自己最清楚自己肚子里有几滴墨水，心里暗自和学生们说："同学们，我和你们的学历一样，我是初中生在教初中课呀……"

教书也是个"苦"差事。是当"春蚕"和"蜡烛"呢，还是"当一天和尚撞一天钟"？三尺讲台无耕耘之深浅，满室学子亦无传授之优劣，我的确是把这个职业当做事业来干的。

我去红旗中学教书是顶替一位考上大学了的物理老师许国璋教课。就我当时肚子里的那点"货"，教语文还能凑合，教物理还真差点事儿。"学如逆水行舟，不进则退"，我十四年前学的那点物理知识再没有长进，但学校要的毕竟是"全才"教师，其实就是各科都能拿得起的老师。

怎么办？干呀！这活儿要比挖排干挑土轻快得多了。要干就要干好呀！自己不是还曾"仰天长啸，怨天不公"吗？如果连个"孩儿王"都当不好，误人子弟，那你还有何颜面见"江东父老"？如何对得起公社党委会上刘金山书记那铿锵有力的话语……这时我又想起了父亲教我的那些话："天道酬勤"，"功夫不负有心人"。我暗下决心，一定要把书教好。

教物理比较机械，就那些固定公式，要想让学生学活，就得动脑筋，用点真功夫了。我又苦思冥想，寻找"妙道"……

在一份《教育参考报》上，我看到了一则消息：国内有一种"幻灯"教学很受学生欢迎，能起到寓教于乐的教学效果，特别是物理课，它能把呆板的东西变活。后来我发现，实际它就是"无声电影"。

于是，我就依据介绍资料自己研究制作幻灯机。等我"研究"成功后，就把物理教研组的几个年轻老师邀请到我家进行模拟制作，又把年龄大一点的初三毕业生组织起来利用星期天进行实际制作，制作的全部费用就是自己那一点微薄的36.8元工资，真是工夫不负苦心人。在我这个"总设计师"的带领下，大伙努力了约两个月，终于成功了。

红旗中学把这一教学"成果"汇报到旗教育局，引起教育局教研室的重视。教研室主任张有如几次来学校现场"观摩"，后来组织全旗教育系统的教师来学习我的“幻灯教学”，并在全旗推广。

我的这一“创造发明”竟然引起了强烈的轰动效应，让我这个“代课教师”又名声大震，第二年就当上了红旗中学的物理教研组组长。当时村子里的老乡互相转告说：“三栋儿在学校当官了。”其实教研组只有三位老师，一个农村中学的教研组组长没有国家规定的行政级别，因为中学校长才是个股长。

故事15：书记决定 改写年龄

1981 年，即我在这个中学教书两年以后，学校接到旗教育局通知：巴盟师范要在全巴彦淖尔盟教育系统招收一批师范生，来提高在教育战线辛苦教学多年的教师的教学水平和工资待遇。但其中两个硬条件必须符合：年龄在三十岁以下，教龄在三年以上。这批师范生毕业后将成为国家正式教师，正式教师就成了国家干部，紧接着就是工资待遇提高，户口也就变成了城市户口。这些闪烁着耀眼光环的待遇对于那时已是三十五岁的我来说是多么挡不住的诱惑呀！

怎么办？自己两个“硬件”都不够。年龄超了五岁，教龄刚满两年。于是我找到当时的校长任福生商议，任校长很“老道”，他只告诉我一句话：“事在人为。”他的意思是，可以改户口，但办这事学校没权，因为户口在公社民政所，况且改户口必须大领导点头。于是我就去找公社书记刘金山。

这次我找刘金山书记，是要他第三次为我说话了。第一次是在“文化大革命”中我住“学习班”被人打，是他说了一句话就再没人敢对我搞逼供信了；第二次是我考中学教师时，刘金山在党委会上铿锵有力的讲话才使我当上了中学代课教师。但是，此前我一直没有和这位领导直接谋面对话。这次，我是硬着头皮去见这位红旗公社最大的“官儿”的（当时，他是一位在老百姓中官声很好的蒙古族干部）。

我斗胆向他宣讲自己“迟到十四年”的学习机遇到了，告诉他

“迟到”的过错不在我自己，迟到的原因清楚，理由充足，我并且表态——这次上师范的目的就是为了提高自己的知识水平，将来能更好地教书育人。我说得情至、义至、理至……刘书记沉默良许，最后表态：“那你考吧，户口好说。”

这是书记同意组织决定我改写年龄。这样，我的出生年龄就由1946年十一月初七改为1951年十一月初七。不过，我还比较争气，最终考上了巴盟师范。

写到这里，我得说几句感激的话：我感谢刘金山书记，敬重刘金山书记，但至今刘金山书记没喝过我一杯薄酒，我也不知道他家的门朝哪开。据说他后来调到内蒙古自治区做了更大的官，云升就更不敢登门造次了。怎么感谢他呢？送钱？我想按他过去的性格是不会收的；变相送物？他是何等聪明之人，一看就明白。其实，主要还是自己的性格使然，正像我的笔名“潜渊”一样——从不为“五斗米折腰”。我从来没有送礼的习惯。“君子相交淡如水”，“友如作画须求淡”，云升只能以努力工作、多出成果做谢！后来我又结交了许多大领导和真朋友，我们也是“君子相交”，这可能是我骨子里的基因所致吧。但也有人说：你如果能跑能送，有更大的领导替你说话，可能你的官就更做大了！但是“跑下”的或“送下”的官连我自己都看不起，我又怎么可能去跑、去送呢？我觉得做这种官没味道。

那我送刘金山书记什么呢？就送一本《我的故事》吧！以此作为感激和回报。

故事16：师范生活

1981年至1983年，我在巴盟师范杭锦后旗分校读了两年书。这两年间，云升又重新走上六岁时卖牛粪就走过多少回、十六岁上奋斗中学又走了差不多“两万五千里”、三十六岁上师范又要走的那条“黄土路”。

前排左一为云升

这时，家里还种着二十亩承包地。我骑着那辆不算太新的自行车奔波于农田与学校之间。后来我调到乌海市工作，我上师范一年级的班主任——一位性格腼腆、年龄比我小 5 岁的王继霖老师到我家看我时还开玩笑说："云升上师范，每天到没到学校我在教室外面一看自行车就知道，因为你的自行车后面不是驮着化肥袋就是挂着个装醋和酱油的塑料壶（当时农村跑校的可能就我一个，这也是巴盟师范学校对我的一种恩惠吧）。"

我这两年的师范学习，精力和体力基本上算是"二力分发"式的。体力用在二十亩承包地里，精力全用在学习上。如果有人不相信我的"二力分发"说，可以看我的巴盟师范毕业证书，毕业成绩各科都在 85 分以上，语文 86 分，心理学 96 分……

在两年的巴盟师范生活期间，我确实做到了"学习、农活"两不误。我还利用两年的四个假期建起了一座在当时农村还算像模像样的"一进两开"新式房子。盖这个 120 平方米的房子时，我师范同班的十几个年龄大一点的男同学都去帮我盖过房。他们利用星期天到我家参加"劳动锻炼"，帮我和泥抹房顶，记得菅毅同学吊顶棚还是一把好手，在这里一并感谢，因为他们毕竟都是云升曾经的生活道路上帮助过云升的一群人。

上师范时，我已经不再有十六岁上奋斗中学时的那种“刘姥姥进大观园”的好奇和激情。那时虽然才三十六岁，可我的心却像一个已经饱经风霜的“世故老人”。上学的目的完全是为了谋生、为了生存。

当时我们班最小的同学叫刘有平，才十八岁。我比他整整大了“一轮半”（这是内蒙古的一句方言，一轮是指十二属相的十二岁）。记得班里有个调皮同学叫赵国强，他把班里同学的年龄悬殊用三种声音来形容：“老头老太太的咳嗽声，年轻男女的欢笑声，还有未出世婴儿的啼哭声。”最后一句话指的是有一位叫温凤仙的女同学，她是怀孕后腆着大肚子来上学的。后来我才知道，师范的同班同学里还有一个奋斗中学比我高两届的校友叫高创业，他的实际年龄可能比我还要大。这时，我对“春天的故事”有了更新、更深的认识，它不是故事，而是真正的春天，它温暖了多少人，它使整个中国春意盎然。

后二排左八为云升

故事17：教书务农——二力分发

我师范毕业时整整37岁。虽说年龄大了，但比历史上的范进“四十岁考秀才，五十岁中举人”还小多了。其后被分配到离我上师范时盖起的新家只有两公里的光荣中学又教了一年书。

我上师范时，全家五口人就有四个上学的（我的三个孩子相继上小学，他们一个比一个大两岁）。我选择离家近的学校教书实际是对“二力分发”做了适度调整。在中学教书每天只有三节课，每节课四十五分钟，毛时间总时量只有三个小时。一天下来可以把剩余的所有时间、所有力气都毫不保留地挥洒在二十亩承包地上。按照“物质不灭定律”里的能量转换而不灭的道理，“二力分发”往哪发也得发力呀，我觉得有些“累”，但和从早到晚都在地里干活的“全日制”农民比较起来还是轻松多了。按照马克思的“变换劳动也等于休息”的理论，我的体力在学校实际是养精蓄锐，只有到了二十亩承包地里才挥洒自如，使劲发力。这时，我就又不觉得有多累了。

我在奋斗中学读书时就喜好文学，并参加了当时同学们自发组织的“冬苗”文学社，时不时发表些只有思想感慨但无文学价值的“作品”。以后在农村劳动十四年，又偷偷写了不少只敢自己看而不敢公开面世的“东西”。那时是写多少自我欣赏后就赶快烧掉多少，现在回想起来十分可惜，因为那些毕竟都是充满激情、挥斥方遒的时代印记呀！以后在“教书、上学，又教书”的五年里，时不时在巴彦淖尔盟最大的媒体——巴彦淖尔报上发表些“豆腐块”文章。

这时，人们在对我这个“半离土而不离乡”的“孩儿王”进行评头品足时，又多了一个赞美声：“赵云升不仅嘴头子好会教书，而且笔头子也好，还会写文章，报纸上经常能看到他写的东西。”这个赞美声的背后究竟是褒是贬，是福是祸？我无从得知，但让我心里踏实的是：既然已经有了“春天的故事”，更糟糕的事情就一定不会重现。

故事18：报考记者

在杭锦后旗广播电视局工作的孙玉峰是我们邻村的一个老乡。有一天，他兴冲冲地跑到我家告诉我：“旗广播局要在全旗范围内招考一名记者。”并给我讲了当记者可以得到的诸多好处。他忽悠我说，从下到上有很多记者都当“官”了，旗里有张国斌，内蒙古有田聪明等等。他又说，当了记者全家能进城，对孩子上学有好处，那可是“无冕之王”呀。你只要能考上，比你教书强多了。

我一听说“考试”，精神就来了。因为我已近不惑之年，经过了考试无数。考“奋中”，考代课教师，考师范，包括以后考职称，一路考来，每次考中都会给我带来兴奋，带来进步，带来益处。考上“奋中”让我学了那么多知识，增加了那么多智慧；考上代课教师，让我当上了“人类灵魂的工程师”；考上师范，又让我端上了“铁饭碗”，让全家过上了衣食无忧的日子；如果能考上记者，就会成为一名“无冕之王”……想到这些，我毅然决定：“考吧！”

这次“记者考试”很特别，广播局的几位领导分别与每一个应试者见面，也就是说面试和笔试每人不同。面试的时候，和你谈话，考你知识面；给你出难题，考你的应变能力；时不时还给你来个“急转弯”，可能是看你智商够不够。紧接着就给你个命题，让你现场作文。因为是单个考试，所以题目各不相同。考了三个小时几乎一个上午才结束，然后，让我们回家等消息。

在我考完试的一个月里，究竟有多少人参加这次考试我不知道，是否有人在里边跑上跑下地活动我也不知道，什么时候宣布录取结果我更不知道，只知道参加这次考试的人里面，有我上师范时的班主任老师王继霖。

等到秋季开学的时候，学校通知我到广播局上班，开始了我长达九年的专职记者生涯。与此同时，也结束了我一生只教过三年书的教书历史（上师范前在红旗中学教书两年，师范毕业后在光荣中学又教书一年）。大思想家梁启超说过：“男儿志兮天下事，但有进步不有止。”我就是这样，永远不知道人生到哪一站可以停下来，只觉得干事业就是要往高处走。

故事19："无冕之王"

"友如作画须求淡，文似看山不喜平"，写回忆录也一样，老是"记流水账"平铺直叙，人们看着看着就会"嚼蜡乏味打瞌睡"，尤其自己写的是一个"平而又平，一生无大建树"的赵云升。再加上自己在写故事之前，就定了一个调子，要写"一堆没有点滴水份的干货"的故事，自然就更不能臆想编撰了。既然如此，如果再不用一些跳跃的表现写法，恐怕《我的故事》出版后就不会"洛阳纸贵"，而就会像它的主人公三十三岁以前的命运一样，到处遭受冷遇了。

下面就用纵横交错的写法，即时间和空间交叉的方式进行记叙。

一、按时间记叙：从1984年8月26日我当上"无冕之王"至2011年写作《我的故事》，这二十七年的工作基本可以分为三个九年：当记者九年，在政府做事九年，搞社会公益事业又九年。我这人可能与"九"有缘，我又提前九年从政府驻外机构退休，这算是上苍昭示的"数字炫学"在我身上的体现吗？这是我的随意遐想，请君切勿"上纲上线"。

二、按空间记叙。我在杭后、乌海工作了九年，到北京奔波了九年，来自治区又工作、生活了九年。

下面就把这两条记忆的轨迹铺开延伸，搜辍捡拶些有意思的故事写开去吧……

当记者九年。其中旗县四年（杭锦后旗广播局），盟市四年（乌海市广播局），自治区一年（内蒙古电台驻乌海记者站）。

1984年8月26日，去杭锦后旗广播局报到的日子我记得很清楚。因为9月1日开学的前几天我要去学校做开学前的准备工作（放假前中学校长李新华让我新学期开学后当班主任老师）。

我一见到李老师（他是我上小学时的班主任），他的脸色特严肃，像是有点生气地跟我说话："旗教育局来通知了，让你去广播局上班。

你来这刚一年，让你当语文教研组组长还不到半年，屁股还没坐热就要走呀？这么大的事，你也不和我商议？”

我笑着调侃：“李老师，我是‘悄悄地进村，打枪的不要’。我怕狐狸打不着，惹满身骚呀。”玩笑之后，我就急匆匆告别了我只教过一年书的光荣中学，告别了我念小学时的班主任老师——又是当时的学校领导李新华校长，没有惊动任何人，也没有搞任何欢送离别之类的俗套活动，就去杭锦后旗广播局上班了。歌德说：“生活看起来是如此地庸俗，如此地易于满足日常平淡的事物，然而它总是在暗地里念念不忘某些更高的要求，而且去寻找满足这些要求的手段。”

故事20：离土离乡

我调到广播局的第二年，全家就搬进城了，也就是现在杭锦后旗陕坝镇。我告别了自己辛苦修建两年但只住了一年的新房（这所至今已有30年历史的土坯房还在家乡闲置着。随着时间的推移，它将成为赵家的“历史文物”）。

这是云升前半生四次自建房之一——三十年前在农村建设的120m² 小土房。

离开家乡，离开我和父母亲都辛勤耕耘过的这块土地，我又是百感交集、思绪万千。这里的泥土孕育了我，这里苦涩的盐碱水浸泡了我，还有那不堪回首的心酸往事磨炼了我。我对这里有爱也有恨，有情也有怨。其间，有这样一些人，他们除了对我凌辱欺负、肆虐挤压外，还对我善良的父母进行过捆绑吊打，更对我的弱幼妻儿施行过欺辱和歧视。干这些事的人尽管都是些几代人加起来都不识几个字的“品质欠佳者”，当然也有像“老路哥”呀、“大和尚”呀、苏留柱呀这些善良朴实的乡邻。露从今夜白，月是故乡明。不管怎么说，这里毕竟是我的故乡啊！

“欲除烦恼须无我，历经艰难好做人。”我在这里生存了整整三十三年，而这三十三年的“挣扎”史又变成了催我励志、教我奋进的宝贵财富。从这点上讲，现在回想起来就不怎么怨恨了，觉得也是一种社会使然，只能一笑泯恩仇吧。在我写回忆录的前两年，家乡要上自来水工程，村里一个叫“三锛耧”的社长给我打电话说家乡很穷，村里没钱上不起自来水请求资助。当时，我正在北京给老伴儿看病做一个大的手术，就在那种情况下，我以德报怨还给村里资助了一万元人民币，为的是能让他们喝上甘甜的自来水，以表达我“君子记恩不记怨更不结仇”的心迹和胸襟。

1985 年春天，我们全家就在陕坝镇有个叫四旅社的破旧旅馆里租了两间客房住下了。这时，我才成了一个真正意义上的离土又离乡的城里人了。

想起往城里搬家，我和老伴还有过争议。她开始不同意，觉得自己盖的新居在当时的农村也是数一数二的，为什么要离开？当年盖房子的位置是原来生产队的一个养猪场，猪场拆迁后，我为了清净，就效仿陶渊明与世无争的高远境界，独自一家在这里盖起一处院子，并将自己的 20 亩承包地和别人调换集中到新房周围。房前屋后全是大集体解体后分给个人的大柳树，我占地两亩多的院子里种下的果树已经成长起来了。承包的那 20 亩土地在我和老伴的精心耕耘下都侍弄成了好地，每年的收成、收入都很可观。因此，她很不同意离开那个占地 1320 多平方米的“世外桃源”，往城里的“干石头”街上搬。

"就你那点工资？进城后张口就要钱，动步就要钱，这个家你能养活得起?"老潘讲得也有道理。

但我用大道理说服她的小道理："三个孩子在这'土窝窝'里上学能培养出大学生？我身心两分，一脚在城，一脚在乡能干出大名堂？你没看过电影《南征北战》里那位将军怎么说的？'不要怕家里的坛坛罐罐被打烂'嘛。如果农村比城市强，咋还有那么多人想要进城?"

故事21：做人·做事·做官

我读过艾丰先生的一部著作叫做《三做谈》，他讲的意思是"做人就要做好人、做事就要做好事、做官就要做好官"。

我认为：人，不一定非要做官、做大官。即便做了官，目的也是为了做事，做不了大官可以做大事。做官是一时的，做人、做事才是一世的，那么我就先从"做事"写起吧。

现在接着回忆我在杭后广播局的故事。

杭锦后旗广播局是一个正科级单位，是全旗当时唯一的新闻媒体，它是全旗的政治、经济、文化、社会舆论的引导中心，因此，旗委政府很重视这个单位。

我去广播局报到时，接待我的还是考我的那几位领导，局长高守庭、分管宣传的副局长郭兆兴、副局长李全瑞。办完手续后，我就被郭兆兴副局长领到广播局后院一排很古式的办公室，据说这个地方是一代名将傅作义抗日战争时期的司令部。这就是我以后4年工作的地方。郭兆兴是我的直接领导，他是一个做人和作文很讲究的人（写《我的故事》还得到郭老兄的精心斧正，在此深表感谢）。

我的工作是当记者。后来我才知道这次招考记者是因为郭兆兴要被上级媒体调走，要人来"补缺"的。我和郭老师处了大约两个月，实际是他带了我两个月的徒。他调走以后，我就"铺开身子"干起了记者这个行当。当年我三十九岁，风华正茂，意气风发。

那时，我觉得自己的身上总有一股使不完的劲。因为，你每写一篇文章就有一份收获，而且“名利”双收。“本台记者赵云升报道”，赵云升的名字随着电波传到千家万户。每写一篇稿子，单位又有一笔虽不算太高但对我来说是很有意义的稿酬。这个时侯，我想起在农村劳动14年的情景，再和劳动一天要扣掉你2分政治分，干一天活才给你8分钱的“不公平”报酬相比，劲头就更足了。

人们说当记者要“三勤”：脑勤、嘴勤、腿勤。在杭锦后旗广播局的四年里，我跑遍了全旗的二十个公社，我成了旗政府所在地几十个大小单位的常客，各行各业有点名气的人都是我的采访对象。当时的旗委书记郝效功在全旗干部大会上讲了一句“不注重新闻宣传和舆论工作的领导就不是一个明智的好领导”的话，结果全旗上下对当时全旗唯一的媒体记者就格外热情。我每次下去都“受宠”，接待我们的基本都是党政一把手。这四年的工作表现我想尽量少写，做个简单介绍就可以了，以避自吹自擂之嫌。

一、这四年，我总共写了差不多近百万字的新闻稿，每天的广播里几乎都有我的名字。

二、这四年，共有八篇作品获巴彦淖尔广播电视评选一等奖或二等奖，有三篇获内蒙古一等奖和优秀奖。其中，我写的时任杭锦后旗法院院长姚珠元的长篇通讯《一个真正的人民法官》和关于轰动一时的农业专家梁玉在巴盟大搞“粮草轮作，农牧结合”的长篇配乐通讯都在巴盟和自治区广播新闻评选中获一等奖。

三、这四年，有两年被评为局先进工作者。1987年又被评为巴彦淖尔广播电视处先进工作者（这些都是我在写回忆录时从保存的几十本获奖证书堆里翻看到的真实东西）。

这些荣誉虽然既虚又小，但毕竟是一种历史对自己的认可，是自己的一段段平而又平、淡而又淡却意味深长的过去。不然回忆录该写啥呢？

时代的春天嘛，好事就多。我在杭锦后旗广播局的四年里，还有好多有情于云升、有助于云升、有恩于云升的好人、好领导。我进城第二年，当时的旗委副书记任步云亲自批示，把我的家属和孩子全部转成城市户口；广播局的高守庭局长、李全瑞副局长看到我住四旅社的房子寒酸破旧，就把广播局的两间办公室的界墙打通，合二为一改成了里外间做我的家属房；时任杭锦后旗粮食局副局长——我的奋斗中学的同届同学刘海拴，把我的家属安排在粮食局下面的挂面加工厂上班；又有几位记不清的朋友先后让我的三个孩子都在奋斗中学读书。(现在奋斗中学的校友录上都有我和三个孩子的名字，孩子们据此还要和我称校友呢) 还有许多在那四年里帮助过云升的朋友们，在这里云升一并致谢!

故事22：乌海生涯

春风得意马蹄疾，一日看尽长安花。人要是心情好，时间就过得真快。转眼间我在杭后广播局工作就快四年了。记得是1988年春节后的农历大年初三，奋斗中学的一帮同学结伴到我家拜年(我进城后，同学们和我来往的就多了)。其中有一位同届同学叫杜建和，那时他在乌海市市委秘书的岗位上供职。当时我住的是广播局给我用办公室改成的家属房，我用从农村拉回的葵花杆围起个篱笆小院，后来被杜建和称之为“半壁楼小院”。不知是他看到我家境贫寒念同学的“寒窗之情”呢，还是有别的原因，在我招待他们共进午餐的时候，他问我：“云升想不想去乌海市工作?”当时他提得突然，我回答得也迅速：“想去!”因为那时我已经知道乌海市是内蒙古的改革试验区，地区类别比巴盟高，工资待遇也就高了；新建城市劳动力需求

云升在乌海奔波（时年四十二岁）

量大，子女大了就业就好解决了；乌海市是地级市，对我个人来说发展平台也比旗县大多了。我是个性急的人，建和办事的效率也高，在他和我的在乌海市劳动局工作的大外甥齐向东的共同帮助下，半年以后，也就是1988年的8月31日，我从杭后雇了一辆解放牌汽车，一车就拉走了我的全部家当，西迁到乌海市上班了。为啥时间记得那么清楚？因为第二天是9月1号，是新中国传统的学生开学的日子，误啥也不能误了我的三个孩子报名上学。

1988年9月9日，我正式在乌海市广播电视局上班，被安排在乌海电台继续我的记者生涯，俗话叫“挪地儿不改行”，每天起来东奔西颠儿，还是舞文弄墨爬格子写我的文章。不过，还是唐代诗人杜甫说得好：“文章千古事，得失寸心知。”只要我们写文章时不忘记文章所担负的责任，那我这个格子就没有白爬。

故事23：“两条红线”

《我的故事》从现在开始用“两条红线”延伸下去。为啥用“红线”呢？因为那时入了党、提了干，生活、事业红红火火。虽然其间时而有过“灰色”的笼罩，但在“春天里”还是喜庆的东西居多。以后的故事这样谋篇布局，自己写起来思路清晰、轻松愉悦，诸君读起来线条不乱、不用费力。不然，“老牛尿官道哩哩啦啦”，把《我的故事》整个都“尿湿”了，人们就会因为嫌“气味”不好而看不下去了。

这两条线的第一条红线是工作事业线，第二条红线是生活生存线。这两条线路又相互交叉扭合在一起，形成中篇的标题——“为生存、为事业”而拼搏，反映出来的还是一个“累”字。

※ 工作事业线

我调到乌海电台的第二年就当上了记者部主任，第三年又被任命为编审办主任，这些主任虽然算科级干部，但都是受累的差事，官不像官，兵不像兵，每天起来照样采访写稿，所不同的就是记者们写的稿件我必须每天编审。说起写稿，我记得每月我自己写稿挣的稿费差不多有我的工资多。这时我的用武之地、工作平台乌海市比旗县就大了。乌海市下属三个县级区——乌达、海南、海勃湾。虽然那时乌海市的总人口和杭锦后旗差不多，但工矿企业多，地下资源丰富，整个城市大有蓄势待发、一跃而起之势。我当时写了一篇评论叫《地下有宝气地上没名气》的稿子还在自治区获了奖。生活是文艺创作的源泉，事实是记者采访的根据。所以，那时写起东西就顺手，捉的“活鱼”就多了，也出了许多像样的作品。

写在乌海电台的事儿就不能像写杭锦后旗广播局时那样把自己获了多少奖的稿件也一一显摆出来，这里就说一篇吧。

乌海市五虎山煤矿有一个煤矿工人叫张福生，他是七届全国人大代表（现在是内蒙古电力公司总经理）。他在当选了全国人大代表以后确实真正发挥了一个人民代表的作用，不像当时社会上对有些人大代表的评价，只是“举拳头、吃馒头”，上上下下对他的反映都很好。我听到后，几经采访，一“篇”打响。这篇稿子在乌海电台选送自治区后评了一等奖，自治区选送到全国人大后，又被评为“第一届宣传人民代表大会制度”好新闻一等奖。现在摘录如下：

故事24：“他为人民燃烧”

女：下面播送本台记者赵云升采写的配乐通讯——《他为人民燃烧》，说的是五虎山煤矿采煤队队长、七届全国人大代表张福生，如何参政议政，为民代言，为国分忧的事儿。

男：在国家能源部的小会议室里，二十多位司局以上干部围桌而坐。坐在会议主持人对面的一位膀大腰粗的“山里人”正用激昂的语气向在座的领导提建议、提质询。建议之多、分量之重把个会场搞得既严肃又热烈。

女：这个会议场面是今年9月5号，国家能源部、财政部、公安部等六个部级单位，根据张福生在全国人代会上提出的议案专门邀请他进京共议国事的场面。

男：张福生，一个极普通的矿工，何以引起这么大重视，受到这么高的礼遇？这还得从张福生当人民代表的点点滴滴说起……

女：1988年3月，这位三十四岁的采煤队队长被推选为七届全国人大代表。当他接过那张鲜红色的全国人大代表资格证书时，兴奋得几乎不能自已。他想，咱们煤矿工人祖祖辈辈做过各种各样黑色的梦，可谁能想到咱"煤黑子"能与国家领导人共商国是？他暗暗立下誓言：一定要为"人民代表"这四个闪光的金字增辉。从此，他就像一块优质无烟煤，在参政议政的高层次熔炉中炽烈地燃烧着。

男：1988年金秋，张福生有生以来第一次来到北京人民大会堂。这位高一米八的汉子从头到脚都是矿工打扮。他带着满身的"山里味儿"，在七届全国人大一次会上，一连提出十几条建议、意见，还领衔提出两项议案。张福生那股子敢于直言、勇于为民代言的冲劲儿引起人们的注意。

女：打这以后，他那颗炽热的为国为民之心越来越强烈。他利用工余时间和出差机会，穿大街、走小巷，跑机关，下基层，广泛开展调查研究，搜集社会各界的意见。从百里煤海的沟沟壑壑到乌兰布和的茫茫草原，从西北地区的毛乌素沙漠到塞外的千里铁路沿线，以至山西的平朔、宁夏的平罗，到处都留下了他的足迹。他走访过的人数以千计，十万多字的调查材料整整记满了五个笔记本。仅全国各地的电话号码就记下了三百多个……

男：去年春节，他去看望一位病故职工的家属。一进门，这家人就哭诉起生活上的困难。按1953年国家颁布的劳保条例，一次付清的抚恤费用完了，一家人再没有别的生活来源，这该怎么办？为此张福生多次去找领导，查找有关文件，召开座谈会。他在积极帮助这家人解决生活困难的同时，汇集了广泛的意见，在七届二次全国人代会上提出了“修改劳动保护条例”的建议，并三次提出质询。直到今年，他接到全国人大常委会写着“这一问题已引起有关部门重视……正着手研究修改”的复信，才欣慰地笑了。

女：有几个工人的工资，按照国家政策规定应该调级。可矿上总是借故推诿，几年没给解决。工人们说，走，找找咱们的张代表。张福生拿上政策文件去找有关部门，替这些工友说话。为这事有时闹到板着面孔，亮着嗓门说话的地步，不到一个月时间这个问题解决了，而张福生却丝毫没有考虑，在有些时候还存在着权大于法的情况下，他还是普通老百姓。

男：张福生心里装着矿山，装着工友，但他觉得作为一名全国人大代表，自己的职责，并不能只限于矿区。

女：去年冬天，远离乌海八百公里的达茂旗草原严重受灾。对此，社会上传闻很多。张福生心里非常着急。元旦期间，他利用公休，顺路搭了辆大卡车，专程去了解灾区情况。塞外隆冬，寒风刺骨。张福生顾不得一路颠簸，一路饥寒，一下车就跑到牧民点，了解生产生活情况。当时，大雪封路，冰天雪地三天时间他硬是步行了八个牧民点和居住点。当他看到牧民们吃不愁、穿不愁时，他很高兴；当牧民们反映缺少的是文化和娱乐，缺少的是医生和药物，特别是看到偏远的蒙古包里一位牧民因患肺心病无药可治，躺在那里痛苦呻吟的情景时，他难过得掉下了眼泪。临走，他握着牧民的手说，下次我去北京开会，一定把这里的情况反映上去。

男：张福生经常品味着“人民代表”的深刻含义。有个问题他琢磨了很长时间。根据宪法赋予人民代表大会的圣神职责，地方人大行使这种权利，需要有一个具体的法律来保证。他利用多种机会向各地征求意见。两年时间，他走访了三十多位区内外的人大工作者，撰写出了“关于尽快出台地方人大及其常委会监督程序法草案的意见”。这个意见，他在今年召开的七届全国三次人代会上一提出，立即得到代表们的支持，不少代表为这项议案联名签字。一位省人大的负责同志说："张福生代表提出的意见，是我们多年来想提出而未提，想办而未办的事呀。"

女：三年来，张福生在哪里，哪里就是工作现场。节假日照例是他的工作日。他的家成了"接待站"。十里八坡的工友们，一有事总想找他聊聊。外出火车上，有人出售不健康刊物，他非要一查到底，硬是和列车长把卖出去的书一本不漏收回来；在北京游园，他把公园存在的管理问题直接写信给陈希同市长；在宁夏劳改农场走访，他提出了如何减少劳改人员重新犯罪的建议。他提出的修改《刑法》第160条、168条的建议，保护国家煤炭资源等项建议，都引起国家有关部门的高度重视。

男：三年来，他共提出独有见地的建议意见、质询四十八条，是全国工人代表中最多的一个。特别是今年召开的七届全国人大三次会议上，内蒙古人大代表团共提出四项议案，其中张福生就领衔提出两项；全国人大常委会采纳了内蒙古人大代表团两项议案，其中就有张福生的一项。

女：张福生成了闻名遐迩的人物，成了全国人代会上众多建议、议案的"主人"。受到上上下下的爱戴、信赖和尊敬。每当他载誉归来的时候，人们总要问他："唉，福生，你这个人大代表究竟算多大的'官儿'，有多大的权?"张福生总是憨憨一笑说："党和人民把我投进这参政议政的熔炉，我就要为人民燃烧。至于'官儿'嘛，咱们都一样，都是国家的主人。"

男：张福生为民代言，为国尽力，积极参政议政的精神深深感动人们，也受到党和政府的高度重视。自治区主席布赫几次拍着他的肩膀夸奖他："你这个代表当得好哇，每次会上都能提那么多有分量的建议和议案。党感谢你，人民感谢你呀！"布赫主席还在人民大会堂内蒙古厅当场为他挥毫赠诗："握钢钎，戴银灯，入地千层采乌金；汗水化作光和热，奉送百家四季春。"

故事25：人民大会堂领奖

1991年12月21日，全国人大常委会办公厅在北京人民大会堂举行颁奖仪式，我作为全国十篇获得一等奖作品之一的作者去领了奖。

人民日报副总编于宁（右一）、总编室主任喻全欲（右二）、海外版主任王瑾（左一）、记者李国济（左二）与云升（中）在北京人民大会堂。

北京人民大会堂福建厅金壁辉煌，摄影摄像荧光灯闪烁。时任全国人大常委会副委员长的荣毅仁、彭冲、雷洁琼、赛福鼎、王汉斌等九位国家领导人和全国人大常委会秘书长曹志为我们颁了奖，并且发了奖金。虽然是有生以来第一次在人民大会堂领奖，但是由于我历练了"宠辱不惊"的心态，现在回想起来当时还真没有"受宠若惊"的感觉。别的获奖者兴奋不已，晚上睡不着，我却该吃就吃，该睡就睡，逛故宫，游北海，登长城，上天安门，玩儿了个不亦乐乎。

在北京领奖的那天晚上，当时乌海市的市委书记夏日正在北京开会。他听说我受到国家领导人的接见后，就让乌海市驻京联络处主任杜建和（就是帮我调动工作的那位同届同学）通知我和他共进晚餐。饭桌上免不了说些颁奖有哪些国家领导出席以及"飘扬"和鼓励之类的话。这是我第一次和那么大领导近距离接触，共吃一个菜碟子里的佳肴。

故事26：在“那达慕”大会上

下面插叙一段小故事。

1991年秋季，内蒙古举办有史以来第一次那达慕大会，当时被称作“文体搭台，经贸唱戏”、内蒙古式的“广州交易会”。自治区党委宣传部要求全区盟市以上新闻媒体都要派记者参加，我作为乌海电台唯一的参会记者参加了这次盛会。乌海市委宣传部要求参会报道的记者每天必须写一篇报道。结果我每天最少发三篇稿子。那达慕大会上新鲜事多，又是消息稿件，写起来又顺手，写稿用不了多少时间，但写的稿件必须送到内蒙古电台后才能回传到乌海市电台。在那达慕大会召开的半个月里，我每天往返呼市赛马场和位于新华广场的内蒙古电台两三次，好在乌海市广播局还带来一辆小车当“腿”，节省了不少时间。期间，我结识了内蒙古电台的不少人，其中有副台长、记者部主任。他们看到我稿子写得既多又快，文笔也可以，有一次“闲聊”的时候，流露出想让我到内蒙古电台驻乌海记者站工作。后来才知道，内蒙古电台驻乌海记者站的站长要被地方提拔任用，让我去补这个记者的缺。就这样，通过一定的程序，我被借调到内蒙古电台驻乌海记者站工作。

故事27：当了上级记者

到内蒙古电台驻乌海记者站工作，我成了乌海市的“上级记者”，这时自己也有了一种“登泰山而览群山小”的感觉，觉得自己的使命感也更强烈了。

前面提到的市委书记夏日是个政治家，他每次下基层都让他的秘

夏日书记（左一）和云升（右一）在乌海

书蔺雪山把我叫上。记者站的办公室在市委的四楼，书记们都在二楼办公，随叫随到，随行也方便。这样我和书记的接触也就多了起来。

当时社会上有这样一句玩笑话："一楼都是实干的，二楼、三楼都是'圪旦子'，四楼五楼都是混饭的"。但我在内蒙古电台驻乌海记者站时可没有混饭吃。

我们每次下去，都是和书记、秘书三人坐一个车。有一次，我们从乌达区回来没吃晚饭，送我回家的时候，夏日开玩笑问我："赵记者，今天老婆给你吃啥饭？"我说："夏书记想吃啥？在我家一起吃？""你老婆会做山药丸子吗？"我说："那是穷人家的拿手好饭。"于是，当时的市委书记就这样第一次吃我家的粗茶淡饭。这一顿饭给夏日留下了深刻印象。印象深刻的原因不是吃那顿不值几个钱的"山药丸子"，而是家境贫寒。当时我的三个孩子都在上中学，老伴虽然被安排成了乌海酒厂的正式职工，但工资很低。夏书记在离开我家时说了一句话："云升生活艰苦，要穷则思变呀。"这句话意味深长。

夏日书记作为乌海市的一把手"老大"，我的工作事业红线还得写写。

我在记者站工作期间，继续我的高产报道，几乎每天给内蒙古电台发一篇稿子，而且一稿多投。夏日书记有个爱听收音机的习惯，据夏日书记自己说，他每天早上锻炼的时候，中央、内蒙古、乌海市的三级电台的新闻联播他都坚持听，从不间断。每次在市委的楼上碰见他，他都要“飘扬”我两句：“今天又有本台记者赵云升报道，大手笔呀。”他的这句“大手笔”的话，被当时乌海市政府任凭副市长的秘书胡立华叫了我几十年。直至前几年，我在呼和浩特市碰见已经当了乌海市财政局局长的胡立华时，他还戏称我“赵大手笔”。

我在内蒙古电台驻乌海记者站工作还不到一年，而乌海市被确立为改革试验区已试验了四年，试验出的成果急需扩大宣传，以利于实现“地上有名气，招来金凤凰”的目的。在一次跟随夏日书记下基层的路上，夏日书记问我：“赵记者想去驻京办工作不？你看你现在高不高，低不低。你的生活，内蒙古电台山高皇帝远管不了多少，我们又没法管。你没听说‘要想富就去办事处’吗？那里又是你的同学杜建和当头儿。我们需要在北京利用中央媒体向全国乃至世界宣传扩大乌海市的知名度，你又是写文章的大手笔，去了北京肯定于私于公都有好处。”

夏日书记不愧是政治家，你看人家说话的艺术，先私后公，先抓住你穷的这个要害作为切入点，再谈工作的时候你就会马上就范。

故事28：做了“京官”

因为内蒙古电台没有编制，所以，我在内蒙古电台驻乌海记者站工作的一年是属于借调的。于是，因为书记的一句话，我就去了乌海市政府驻北京联络处，职务是“对外宣传联络部部长”。

工作事业的红线继续往下延伸。在北京的几年里，人民日报社的副总编于宁、总编室主任喻权域、海外版主任王瑾、经济日报社社长武春河、《经济日报》总编冯并、经济日报中国企业家杂志社社长刘东华以及中央人民广播电台、中央电视台的部分记者都成了我的“关系资源”。

从1993年到乌海市驻京联络处（以下简称联络处）工作，直至2002年我提前九年退休，在联络处总共呆了九年。在这九年里，用三句话总结比较实际：这是我人生既有压力又有动力、既压抑又宽松的九年，也是我海阔凭鱼跃、天高任鸟飞、天马行空、独来独往的九年；更是体现我人生苦辣酸甜、历练真本事、提高生存能力的九年。下面我将慢慢道来，诸君只要细读，可能会读出点东西来。

刚去北京后的半年里，我尽心尽责，恪守“外宣联络部长”的职责，还是舞文弄墨写稿子。先后在《人民日报》、《经济日报》、中央人民广播电台发表了不少文章，把乌海市的改革开放成果尽力向世人宣传。这时我自我感觉良好。但随着时间的推移，我越来越觉得，以我的老同学杜建和为首的联络处领导班子对我的脸色不对，他们并没有把我的“宣传政绩”当回事，而是把我当成一个“吃闲饭的人”了。

识时务者为俊杰，不识时务何俊杰？我仔细一想，原来自己是只顾埋头写稿而没有抬头看天。那时，中国的天是蓝蓝的天，中国的政策是“以经济建设为中心”。“联络处”是中国体制内的一个正县级机构，同样是把抓经济放在首位。于是，我再不能呆板混沌，得赶快转向——弃笔经商，学会挣钱。

那时驻京联络处的人，都是从乌海市各个部门抽调来的能人和红人。主任是时任市委副秘书长、能够运筹帷幄、决策千里的杜建和（我给他起了个绰号叫杜抠抠）；党组书记是曾在鄂尔多斯当过旗委书记，时任乌海市政协副主席，政治老练、深藏不露的齐茂荣；副主任是乌海市海勃湾区工商局局长来联络处才提成副县级、被誉为“双打”高手的王成义（此人在公安局呆过，据说打起架来三个五个不是对手，打起麻将几乎没有输的时候，这是社会上人们对他的玩笑评价）；会计是被我称为“大脚婆婆”的红管家——杜建和的夫人刘桂花；还有一个叫郝伟民的司机是市委车队的开车高手（这个司机以后当了联络处副主任），加上我这个寒酸文人共六个人。当时大家团结一心，众志成城，在以杜建和为主任的坚强领导下，提出了“头年打基础，第二年上路，第三年大见成效”的宏大目标。大人物干大事，小人物干小事。也有实干的，也有吃闲饭的。我还是那个“刨闹”的命——搞创收。

故事29：生活生存线

下面继续延伸《我的故事》里的第二条红线——生活生存线。

“千里求官都是为了吃和穿”这句民间的谚语细细品味还是有一部分道理的，它把普通人上世走一圈追求的根本目的明朗化了。你看这大千世界，“天下熙熙皆为利来，天下攘攘皆为利往”。在公与私的问题上，我一直有一个看起来狭隘、想起来还挺合情合理的想法：大公无私？公而忘私？我认为，有公就有私，无非是大公和小公、大私和小私之分，无私对于普通人而言是很难做到的。公而忘私好像只属于那些少数的高尚人群，是个天平怎么摆动的问题。我觉得芸芸众生（古圣先贤、伟人领袖、英雄侠客的伟大胸怀例外）不论到什么时候都是把谋生放在第一位的。对待这个问题，我有个“圆心”之说，不妨说出来请大家品评。我觉得人类有史以来都是以“我”为圆心，以关系、利益为半径划圈圈的。这个“我”，有大我、小我、我们、我家、我单位、我部门、我国、我党、我民族、我们人类地球……不同的“我”有着不同的利益所在、关系所在。被利益驱使，更多的普通人在考虑问题时往往会从“我”出发……《吕氏春秋》里有句话：“察己则可以知人，察今则可以知古。”所以，我的想法说不定就会代表着古往今来很多平常人的想法。

写我的回忆录就不扯这么大的题目了，还是写我的家事吧……

在乌海市政府驻京联络处的这九年里，我的三个孩子相继长大，他（她）们的上学、工作、成家这三件人生大事也相继到来。作为中国人，必须承担家庭和社会的双重责任。特别是对我来说，肩上的担子更重了，因为我和老伴自结婚那天起就有一个潜规则的分工合作：

我主外，她管内。我至今坚持“四不”：不玩勺子、不下厨房、不洗衣服、不跪搓板。而老潘对外面的事也丁点儿不管，直到现在，她六十多岁的人了，如果我不在家，外人谁按门铃她都不给开门。问她为啥？她还振振有词：“分工是你主外嘛!”我可以自豪地说，我的三个孩子的成长、培育，包括他们的四件大事，即供书念字、安排工作、起房盖屋、成家立业都是我来完成的。但不知为什么，我这个“有功”之父总觉得孩子们对我不如对老伴儿那么热情亲近。在每年过春节全家评选“家庭先进工作者”时，我这三个儿女包括我的三个孙子，都清一色投老潘的赞成票，这又是一个让我百思不得其解的“不公正不公平”现象。我觉得我这个当父亲、当爷爷的是够称职的了，他们要我怎样做才满意，才能评我当“先进”呢？后来，我最小的孙子赵一屾偷偷告诉我：“我们都是A派。”这时，我才恍然大悟。噢！原来他（她）们是以血型抱团儿的！因为我的血型是“AB”型，老伴儿是“A”型，孩子们（包括两个儿媳妇）也全都是“A”型。这可能也算是“天不助我也”。

因为我的前半生没做过多大的官，也没做过多少大事，所以写自己的回忆录就只能是以小见著，写些琐碎的小事了。家庭是社会的细胞，子女是家庭的重要组成人员，下面写写我的三个孩子吧。

为什么写回忆录还要写自己的孩子呢？我在上篇说过，因为我觉得人活着必须做到两个延续：生命的延续和资本的延续。有了这两个延续，人类才能繁衍生息，社会才能传承进步。

故事30：生命的延续

什么叫生命的延续？就是传宗接代，基因的传递。资本的延续指的是政治资本、经济资本、文化资本……比如说谁谁是孔子的七十二世孙，谁谁又是成吉思汗的第多少代后裔，如此等等。

先说一下我们家庭的文化结构。全家十口人，大学和大学以上文化程度的六人（我的三个孩子、两个儿媳妇和我），两个在校中学生（大孙子、二孙子），一个小学生（小孙子），还有一个家庭大学毕业的老伴（不会写自己名字的文盲）。我“位卑未敢忘忧国”，尽了一个普通人的社会责任。全家成年人的文化普及率达到大专以上（包括家庭大学毕业的老伴儿），社会失业率等于零。

在写《我的故事》的初稿时，我还详细写了三个孩子的成长过程以及我为他们付出的心劳和辛劳。之所以想把“呕过”的心血写出来，就是怕我将来老了应了那句老话：“人老了没坐处，皮袄旧了没放处。”他们要是忘恩负义不孝顺，那我就真亏了，但三个孩子均不同意我写他们的故事。在家庭饭桌会议上，儿女们各执己见，会议开得很不统一。儿女们毕竟都是已过而立或接近不惑之年了，他们都有他们的生存方式和生活圈子。最后，饭桌会议以多数压倒少数的绝对优势，通过了“儿女们的情况只做简介不写故事”的决定。我想也是，儿孙自有儿孙福，他们的故事让他们将来自己去写吧。

（1）大儿简介

赵峙峰，男，1971 年农历五月十一出生（我们全家都是按农村的古老习惯，生日只记阴历不记阳历），大学文化，中共党员，现在内蒙古技术监督局测试测量研究院流量所当所长（副处级）。

大儿媳，温海容，大专文化，在内蒙古日报报业集团工作。

大儿子高中毕业后，我就把他送到了部队——北京廊坊武警学院。穷人的孩子早当家，我的孩子一个比一个只大两岁。当时送他到部队基于两种考虑：一是认为部队是一所培育人才的大学校，能锻炼人，部队出来的人要比上大学出来的三门生（从家门到校门再到社会门）在生活、生存方面的实际能力要强。二是三个孩子扎堆儿上大学，我的经济承受能力有限。因此，在征得大儿子同意后，我就积极活动，四处求人。因为那时参军可不是一件容易的事，虽然是“应征戍边，保家卫国”，但在和平环境能参军就等于有了一份工作，对就业来说，要比上大学有保证。因此，当时的年轻人，可能直到现在也是这样，把上大学和参军视为年轻人谋生的“两条腿走路”方针。

说起儿子参军的事，我又得提及一个读者们都熟悉的名字——杜建和。他这个人呀，在我的心里是个“多重性”的人物，我把我和他的关系做了个“有情于云升、有助于云升，又在他做了官以后有怨于云升”的定位。但我是一个“君子记恩不记怨更不结仇”的人，所以在谈到我儿子参军的事儿的时候，免不了还要说说他。

大儿子参军确实惊动了不少人。我先后找了时任乌海市副市长——已故的我的奋斗中学校友任凭，当时的海勃湾区人民武装部部长刘武才，海勃湾区人大主任——和我沾点远房亲的杨景元，总之是见人就“磕头”。那时我就觉得做了官的人有点怪，怎么都是同一个德性、同一种腔调、同一种表情，都是点头后说的同一句话——“尽量说说”。我心里不踏实，于是我就打电话和那时处得像亲兄弟一样的同学——时任乌海市市委综合秘书的杜建和商议此事。这时，儿子参军的体检、政审都已过关，就差征兵领导小组组长、海勃湾区委书记张树宏一锤定音了。建和听到后马上和我去找张树宏书记，连着去了两次办公室都没找到人，第三次，是在一个晚上才在张书记家里把他逮着。这时，在我们见张书记时，他的表情就不一样了。因为“官大衙役大”呀，张树宏给足了建和“面子”，这时我心里才踏实了。儿子参军这件事建和一直跟到底，参军走的那一天，建和骑着自行车带着我的儿子，我们一起把儿子送上火车。后来，建和两口子又和我们老俩口专程去廊坊武警学院去看望我的儿子，那时的建和是个多么认亲、仁义、重感情的好兄弟呀！

大儿子在部队锻炼了三年，我又通过关系让他给一个副军级的主任当了勤务兵。所以他进步很快，入党、提干当班长，一路顺畅。在他留部队还是退伍回地方的问题上，我选择了后者；在回地方后是去公安、工商还是去技术监督部门的问题上我又选择了后者。把他安排在乌海技术监督局工作后，他也很上进，当上了正科级干部。在我来自治区后又把他调到了现在的这个单位。想起给他往呼市办工作调动，可是通上天了。当时内蒙古自治区政府的主席是杨晶，他在行政事业单位各个口规定了“三不动”，其中有一条就是调入行政事业单位的人事工作停办不动。于是，我就找了当时分管组织人事的内蒙古党委副书记杨利民，杨书记当时兼任内蒙古财富工程领导小组组长，我是内蒙古财富工程办公室主任，所以见杨书记就方便。当听说“我年龄大了，最终身边没有一个孩子照顾不行”的理由后，杨书记爽快地在我的申请报告上作了批示，并当场给时任内蒙古劳人局局长赵世亮打了电话，事情很快就办成了。后来我才知道，内蒙古技术监督局近五年只调进了两个人，一个是当时呼市政府一位大领导的外甥，那个孩子调到了通辽市技术监督局；另一个就是我的儿子，被安排在内蒙古技术监督局的二级单位——内蒙古质量计量研究院。这小子的命运还算不错吧！

（2）二儿简介

赵亚峰，男，1973 年正月二十四生，大专文化，现任乌海市煤管局海勃湾煤管站站长。

二儿媳，吴燕华。大学文化，在乌海市海勃湾区工商局工作。

人们说二儿子的个性像我，有叛逆精神；脾气也像我，刚正不阿眼睛里揉不得沙子；走路的姿态也像我，左肩高右肩低；勤奋也像我，小日子过得还可以。但有一条他不如我，我小的时候是嗜书如命，而他却初中还没毕业，十六岁就参加工作了。

我先给他要了一个正式劳动招工指标，安排到上世纪 90 年代来说比较好的单位——乌海市粮食局当通讯员。翌年，我又和我的两位巴盟乡党——乌海市粮食局局长吕德华和乌达粮食局局长李建雄商议，把他派到粮食局的一个驻外机构——河北省承德市锻炼。在粮食局工作了两年以后，他自己尝到了文化底子薄的苦头，才又开始加紧学习，通过自学考试考上了内蒙古干部管理学院，也就是现在的内蒙古财经大学。

二儿子在内蒙古干部管理学院学了两年回来后，中国的改革开放正逐步深入，市场经济正在显现它的活力。二儿子是以乌海市粮食局干部职工名义考取的大学，那时的市场经济把商业、粮食、外贸等几个国有部门冲击得几乎要濒临倒闭。这时，我又找了原海勃湾区委书记、后任乌海市经委主任的靳文华，才又把二儿子安排到乌海市经委，后来被分到现在的单位——乌海市煤管局，这也是一个衣食无忧的地方。

写二儿子的事还得多说两句，赵亚峰上大学可是满载而归。他不仅通过学习知识拿上了谋生的资格证书——大学文凭，还给赵家带回一个大学生儿媳妇——他的同班同学吴燕华。吴燕华的父亲是当时乌海市海南区的副书记，以后又当了区政协主席的吴焕学。刚结婚时，我总觉得“门不当、户不对”，因为那时我才是一个有职无权，流浪式的科长，而人家却是正儿八经的县太爷，所以那时很少来往。二儿子也视岳父如生父，我几次提出让他来呼市工作都被他们拒绝了。以后我和焕学慢慢相处，特别是在他退休以后就有更多来往了。这个时候，我们才觉得这个亲家也是一家好人家。

（3）三“儿”简介

赵娟峰，女，1975 年十月初七出生，北京经贸外语学院毕业，现在澳大利亚攻读经营管理专业。

提起我的女儿，我花在她的人生三件大事的前两件——学习和工作上的事比较省心。她在上学路上，一路学来，一直到毕业后留在北京工作，几乎不用我操心。记得她大学毕业后，我已在乌海市商检局打好招呼，能给她安排工作。那可是“公务员”呀！但她怎么也不回内蒙古，更不回乌海。不知是年轻人觉得留在北京，是“天子脚下”有发展前景呢，还是怕给她老子添麻烦，或看不起当“公务员”这个行当。要让我这个上了年纪的人说，在中国的现实生活中的“七十二行”里，当官这行还算可以。只要你会当“公务员”，能够“管住嘴，不越轨，多跑腿”，同时能懂得“无过就是功”的道理，你就一辈子能吃“安稳饭”了。但她却坚持要留在北京，我拿她没办法，只好由她。

但是，在她成家的问题上我对不住女儿，那时，我又忘记了中国有句老话叫“知人知面不知心”呀！

女儿在北京上大学的时候，我和老伴经常去看他。在临毕业之前，总有一个她的男同学和她一起去车站接我们。后来一问，是她的同班同学叫海鸥。女儿留在北京工作后，我们又见他们经常在一起。当父母的看问题应该敏感了，那年我的女儿已经二十四岁了。我们发现她可能在谈恋爱。问她，她只说“处一处看”。但过了两年以后，给我们还是那句话“处处看”。这时，我有些坐不住了，开始动用家法。其实这是“女大不中留，留久令人愁”这句带封建落后的世俗观在作祟。我就强硬宣布“要么结婚，要么分手，二者只选其一”。而且我主动和海鸥谈，“你和你父母商议，如果你们同意，就上门提亲”。我并且做了“我们同意”的表态。我和海鸥说的话当时没告诉女儿。

就这样通过双方的父母见面，走了当时应该走的程序，他们就结婚了，并且给我生了一个很聪明，我认为可塑性很强的外孙——赵一屾。孩子还不到三岁，赵娟峰觉得海鸥不对劲儿，经常不回家不说，就连工资也很少往家里拿。现在的年轻人侦察手段可高明了，要比过去的“福尔摩斯”破案都厉害。据她说，在一次海鸥喝了酒回家睡着后，她在他的手机上发现，海鸥和一个女孩在一天内通了四十六次电话。以后她又不声不响也不惊动海鸥就和那女孩见了面，原来是一个比赵娟峰年龄小好多的女孩，人也长得漂亮。你们说现在的孩子，赵娟峰和海鸥不打不闹，也不让我们知道就把婚离了。法院判决：房子和孩子都归赵娟峰，邱海鸥卷铺盖走人。从法院的判决我们就能看出事情的缘由了。

他们离婚的事情，一年多后姑娘才告诉我，并给我还了一句话“就你霸道，我说处一处再说，你非要办!”海鸥当过我家的姑爷，我就不加褒贬了，但对我外孙说："你爸是'陈世美'"。孩子不懂，他到处问人："我爸叫海鸥，姥爷为啥叫他'陈世美'"？大人们告诉他："你还小，长大就知道了。陈世美是一个忘恩负义很不地道的人，最后被黑脸包公杀掉了！"小外孙赵一屾还是不懂。当然，还有一句"云鹤有奇翼，海鸥无世情"的话孩子就更不懂了。

我再夸奖我的小外孙赵一屾两句。庚寅年春节，在我给了他压岁钱后，他很严肃地在全家的欢笑声中当众宣布了一句让全家搞笑的话："从今天开始，我的名字就叫赵一屾了。"这时，再有二十六天他就满六周岁了。

女儿的不幸婚姻我有责任吗？我勇于承担了"认人不准"的责任。这时我才真正读懂了曾国藩的那句话："宁可不识字，不可不识人"，所以我全力资助女儿去澳大利亚学习，以抚平她心灵的创伤。

故事31：梳理人生　重操旧业

生活生存红线继续延伸，介绍完自己儿女再说自己的事。在"海阔凭鱼跃，天高任鸟飞"的"春天"里，我又开始了"天马行空，独往独来"。从乌海到北京，又从北京返回乌海，又再从乌海返回北京，穿梭往来，信步于庙堂江湖之间。我年轻时就很喜欢范仲淹在《岳阳楼记》里说的那段千古名句："居庙堂之高则忧其民，处江湖之远则忧其君。是进亦忧，退亦忧。然则何时而乐耶？其必曰先天下之忧而忧，后天下之乐而乐矣！"这时的我却是"进退无忧，海阔天空"。

在我过去游览祖国名山大川时，到过一座记不清名字的佛堂，但廊柱上的一副楹联却记忆犹新："大肚能容容天下难容之事，张口便笑笑世间可笑之人"。想归想，做归做，笑归笑，哭归哭，一日三餐吃饭最现实。此时我已到了孔子说的"知天命之年"，需要坐下来梳理自己的人生，想一想自己的后半生应该往哪走，怎么走。怎么走实际是怎么活，靠什么活。记得我年轻时读过一个叫敢峰的作者写的一本在当时很有影响的书《人的一生应该怎样度过》。现在我要思考的问题是：人的一生靠什么度过？是不是显得既现实又实际了？民间谚语说得好："七十二行，行行出状元。"意思是不管你在哪个行业，只要天道酬勤、锲而不舍地用心去做就能取得成功。用我的一位恩师、曾在内蒙古包头师范大学当过校长的刘兴汉老师的"成功六字诀"——"实力、机遇、心态"来解释，你总得有个实力，有个"靠"得住的本事。我们按行业来说，农民靠种地，工人靠技术，文化人靠笔杆子，做官的靠领导能力……凡此种种，无不如此，总之，人要谋生总得有一个靠得住的行当。不然你不文不武，不官不民，不城不乡，不土不洋，"一会儿抓蝴蝶，一会儿抓蜻蜓"，再加上受人凌辱，任人宰割，漂泊不定，一事无成……那你就更惨了！那么，我属于啥呢？农民？教书匠？文化人？做官的？其实是个"四不像"！（但我很喜欢这个"四不像"，据说组织部门选择干部时还要考虑这个人有没有在多个部门工作的经验，如果没有，还不能委以重任呢!）

在认真思考之后，我毅然决定：重操旧业，继续玩我的笔杆子。余生就靠一支秃笔奔走天下、闯荡江湖吧！

"资源"两个字在《新华字典》和《康熙词典》里的解释是——生产资料和生活资料的天然来源。"关系资源"实际就是把多种关系整合利用起来的"天然财富"。就是说人在社会上利用好了的关系就是"财富"，但如果利用不好，那关系可能就成了"祸害"。

有一次在北京，我和中央媒体的一帮朋友喝酒吃饭时谈起官场，谈起我在联络处的事，朋友们你一言我一语，愤愤不平，说得我心里酸楚楚的——"天涯何处无芳草？世上哪里没君子？""大千世界有多少高人、好人，中国有 10 多亿人，世界上有 50 多亿，你何必吊死在一棵树上遭他们的白眼？看他们的脸色？""志士不饮盗泉之水，廉者不受嗟来之食"……特别是时任经济日报社评论部主任的刘东华，一个知识渊博且具有领袖型气质的中国人民大学的硕士高才生，他像朗诵诗歌一样为我指点迷途："此处不养爷，还有养爷处；到处不养爷，爷要上天去！你我都是玩笔杆子的人，很不适合在官场生存。我们还是舞文弄墨，自在圆通的好！”他告诉我，经济日报社下面有一个子刊叫《中国企业家》杂志，要在全国各省市设立办事处和记者站，并且说他要去杂志社当社长，让我回内蒙古担任中国企业家杂志社驻内蒙古办事处主任兼记者站站长。他还说，你干上几年要比当个副市长强，三年后如果兑现不了，老兄再来罚我三杯！

我当时考虑良久，又像当年杜建和问我去不去乌海一样，东华提得突然我回答得及时：“去。”于是，我就去了现在还待着的，而且只要身体好能干出业绩、“终生”可以在岗的单位——经济日报报业集团。(见附录2)

虽然可以我行我素，可以天马行空，但我还是共产党员，是国家公务员呀，必要的组织原则必须执行。于是，我拿着经济日报社的商调函去找我的领导——还是我的那位奋斗中学的同届同学、已经当上乌海市政府秘书长的杜建和（他分管北京联络处的工作。那时北京联络处领导换了几茬人，都是像鲁迅先生笔下的“八斤奶奶”之后的“六斤奶奶”、“四斤奶奶”之类，我没有找他们，因为经济日报社的公函是对乌海市政府的，找他们也没用)。

记得那天是在杜建和家里，不知他是酒饱饭足困了，还是官做大了，还是和我太熟了，反正是对我不屑一顾的样子，他居然躺在沙发上看商调函。在我提出抗议并指责他后，他才半躺半睡地靠在沙发上看完经济日报社给乌海市政府的公函。

乌海市政府同意了我去经济日报社的中国企业家杂志社，并保留我一年工资（见附录1)。从此我又“扶摇直上”，以中央媒体驻内蒙古记者站站长的身份写文章，搞创收。虽然这个时候还没有摆脱《我的故事》中篇里的一个“累”字，但用农民的话说，那是“二八小子过大年，又吃好的又挣钱”，心里总是美滋滋的。

中国企业家杂志社（以下简称“中企”）的任命书是1998年12月30日下发的。我和老伴是1999年过了正月十五“挂红灯”之后，正月十六来到呼和浩特市的。我这人喜欢研究数字学，我认为“1999年”这一年挺好，你看“九”是数之最大，过去的皇帝有“九五之尊”之说，1949 年中华人民共和国成立，1979 年“春天的故事”唱响中华大地。因此，我觉得“1999”这个数字很好。

数字这东西研究起来很有意思，比如现在社会上的人们对汽车牌号和手机号都很讲究，什么“9”的三连号，“8”的四连号，“6”的五连号和尾数带68 的号码都很抢手。我现在的“坐骑”——宝马车的车牌号是“蒙 A. 86198”，是通过关系找车管所领导亲自批的。所长为了显示对我的特殊照顾忽悠我说“你的车牌号比他们的三连号、四连号可贵气多了。你看 86198，8 是啥？8 是‘发’，发富发达；6 是‘顺’，六六大顺；1 是‘要’；九是‘久’，就是长久，这个号的寓意就是‘发了顺了要永久发’。你这个号好在哪呢？就好在你的这个车牌号上下反倒过来还是 86198。就是说，你这车牌号叫你‘反正都是发了顺了永久发’。”这种社会民间对数字学的解释可信吗？玩笑而已。

但我告诉诸君，这个车牌号的数字学虽然没有理论依据，更没有文件政策规定，但我还是很喜欢这个车牌号的。特别是从 2006 年开始，国家又规定了“车牌号跟人不跟车”，就是换车不换号。这个号就成了我的“世袭”车牌号了，就是说这个车牌号不仅能随我终生，还能代代相传呢。

写回忆录，自由度大，写上面这些东西的主要目的还是给朋友们逗乐提神而已！下面再继续我的故事。

故事 32：来呼六次迁居

工作事业、生活生存的两条红线继续交叉延伸。这两条红线在我的心里，时而合并变粗，时而又分离挺进。在我继续《我的故事》的时候，笔下变得越来越挥洒自如了。为啥？因为我写我过去的“苦”和“累”写得有点累了，不想再写这些已经翻过去的“灰页”、迈过去的坎坷、经历过的风雨、遭受过的心酸了。下面我简要回忆一下我来呼和浩特市后居无定所的六次迁居，然后再告诉大家我前半生发生过的三件“有趣”故事，《我的故事》的中篇就要结束了。

来呼和浩特市九年（截至 2008 年），先后搬过六次家。为了精确记录，我和老伴详细回忆了这六次搬家的准确时间和详细地址。

第一次是在 1999 年农历正月十六，按照中国人闯江湖谋生者的俗语：“三、六、九往外走”。我和老伴从乌海来到呼和浩特市，第一站住在了巴盟杭锦后旗驻呼办事处，地址是在内蒙古大学西巷的一个很“脏、乱、差”的巷子里，这里实际是个小旅店，很不方便，使用面积只有十六平方米。我们从乌海只提来一大包生活必需品，买了一个酒精小锅做饭，在这里度过了两个多月的时光。

第二次是在 1999 年 6 月，我在呼和浩特市公主府附近租了一间民房——是一个参加过抗美援朝、后又在呼和浩特市锅炉厂当过工人的张大爷的，面积只有四十二平方米。我们在这里住了一年，期间，在这个房子里我还招待过朋友吃饭，其中有经济日报社驻内蒙古记者站站长刘德有，有当时的记者、以后又当了经济日报社驻内蒙古记者站站长的陈力，还有当时的内蒙古党委宣传部新闻处处长、现任内蒙古日报社总编的贾学义。我的办公地点在内蒙古政府大院，每天骑自行车上班，上下午跑四次，大约有四十里路。

第三次：内蒙古自治区政府办公厅有个叫巴特儿的职工，说他在政府隔墙的宾馆后院有个旧房闲置着。我这人讲究“好朋友勤算账”，讲好租金后，于 2001 年春天搬到离单位很近的这个地方住下。这间房大一点，约有六十平方米，而且厨房、卫生间功能齐全。

第四次：搬了三次家以后，我在呼和浩特市工作也快三年了，上上下下认识的人也多了。有一次和时任呼和浩特市市委常委、宣传部的杨部长谈起能否以办公的名义给我找个住的地方时，杨部长当场答应，并给时任呼和浩特市工商联的李主席打电话，他们在呼和浩特市民族商场北边的“东方广场”的银街给我安排了一间办公室（实际是家属房），面积虽然只有四十平方米，但只花物业费，不用交房租费。

第五次是自己真正的家——在呼和浩特市新华大街被称为“富豪小区”的芳汀花园买了一百四十平方米的新房，但只住了三年。

第六次是在大青山脚下，在小舅子承包的6.8亩的果树园里建起了建筑面积368平方米的小别墅。

我想把这第六次搬家算成最后一次挪窝，因为这个地方山青树绿，紧靠国家森林公园，吃的是国家一级水源区的水，我喜欢这个地方。因为我生性喜欢厚土、喜欢草根、喜欢山水。为啥？因为孔子在《论语雍之》中说过：“仁者乐山，智者乐水”嘛！

故事33：三件事引出的三个不顺心的故事

写到这里，有三件发生在“春天的故事”之后的窝囊故事必须要写出来，尽管在《我的故事》的征求意见稿发出之后，几位友人都劝我别写，生怕写出来让更多的人知道会影响我的声誉，结果会使自己变得英雄气短，底气不足，形象变“灰”。

但这些都是被逼出来的故事，“树欲静而风不止”，历史既然客观地存在过，那我就要客观地把这段历史重现，给历史一个真实，给现实一个警醒，让高人评判，让后人借鉴。即使人们认为这些全是云升的“灰色故事”，甚至是云升的过错，那在我的六十六个故事里也只占二十二分之一的比重，对一个平而又平的赵云升来说也没什么，反倒是更加人性化，毕竟“人无完人”嘛。当代伟人邓小平对毛泽东和他自己的评价不是才只有“四六开”和“三七开”嘛！更何况我在“故事的由头”里就说过“不怕人们笑话，不怕庸者妄语”的表述呢！

这三个故事，一个故事是发生在“杭锦后旗广播站，刚才说的都不算”，时间是1987年，我称其为“恩将仇报诬陷我”；另一个故事是发生在“香不过的猪肉，亲不过的姑舅……”时间是1989年，我称其为“见利忘亲折腾我”；最后一个故事则是发生在值得理论家研究的人性化倒退的“野蛮性”上，时间是1997年，我称其为“为官不仁愚弄我”。

三个故事发生的时间一个是“87”，一个是“97”，用数字玄学看，我不喜欢这个“7”字。

这三件事引出的故事是我前半生的人生败笔。为了能使后人读懂“宁可不识字，不可不识人”的深奥哲理，我忍痛、忍辱把它写出来，以为后人之鉴，同时增加《我的故事》的可读性。写这三个故事时，深感自己笔力不足，但我还是想尽量地写好它。我也想请读《我的故事》的朋友们帮我思考一下，如果你们遇上这三件事会如何对待、如何处理，给后人以怎样的警示呢？

故事34：一个至今仍不后悔的故事

我在杭锦后旗广播局工作期间，发生了一件令人啼笑皆非的故事，现在把它写出来供大家一乐。

（1）“玛姆召人”好心恶报

“杭锦后旗广播站，刚才说的都不算。”这是当时社会公众舆论对杭锦后旗广播局的玩笑评价。据说此前这个站有两个播音员，他们起了两个非常耐人寻味的播音艺名：女的叫“玛姆”，男的叫“召人”。那时的播音都是两个人在播音室直播，每天早上六点半到八点的一个半小时的播音时间里，播音室是“机房重地”，任何人不得进入。有一年冬天，覆盖全旗二十个公社、听众有几十万人的大喇叭里突然传出玛姆嬉笑淫腻的两个字“讨厌”。这一声“讨厌”马上随着电波传遍全旗。男播音员“召人”知道后在播音结束时补播了一句：“各位听众，刚才玛姆播的‘讨厌’不算，特此更正。”从此以后，“杭锦后旗广播站，刚才说的都不算”就成了人们否定自己前面讲话内容的代用语。民间传播这东西实在厉害，这句话被传得广泛而久远，直到几十年以后我来自治区工作时还时常听到这句话。

用以上道听途说、似有似无的故事再给大家逗逗乐、提提神，下面继续我们的正事。

1986年，也就是在我将要离开这个单位的前两年，我被宣布任命为“杭锦后旗广播局编播股股长”。不知道为什么，我总把这个“股”字和“屁股”的“股”联系在一起。我那时虽然没有做过官，但知道它的大小。实际就是两个播音员、四个记者、一个通联，连我只有八个人的小部门领导。

“家家不做官，做官都一般”，我的自定箴言里的“不善张扬”四个字时时提醒我要“夹着尾巴”做人，要“一日三省吾身”。我没有把屁“股”当成官，只是想把做人做事都做好。

山不移，性不改。我的“处事无奇但率真”的性格让我在这时犯了一个我至今仍不后悔的“错误”，我必须实事求是地澄清这件事，还历史一个真实。

在我当编播股股长的时候，开头介绍的那个名叫玛姆的播音员已经红颜已去，风韵不在。广播局几个部门的人都认为她不适合继续担任播音工作。高守庭局长向我征求意见，想让她来编播股搞通联。我是个受过苦难、受过歧视的人，觉得玛姆不就是因一句“讨厌”的话变成让人“讨厌”的人了嘛。我觉得不能因为一个错误就改变一个人的命运。因为当时我对她的人品不了解，就爽快地答应了。

玛姆搞的通联工作实际是通讯员联系工作，负责所有通讯员——也就是各行各业业余写稿人的来稿登记和稿费发放。每个月的稿费都要我审批后才能发出去，出了问题我得负经济责任。有人反映玛姆不规矩，做手脚，虚报别人的名字，自己冒领稿费。我听了非常恼火。

(2) 我的“三无三不”性格

因为我的人生性格里正在培育或已经形成了“三无”“三不”的做人信条：学了陶渊明的“桃花源记”，争取做到“与世无争”；学了老子的“上善若水”，历练了“宠辱无惊”的心态；和当代健康大师洪昭光交了朋友，仰慕他的“大爱无痕”。“三无”是争取做到的，但我的“三不”是必须认真做到的，即“不欺人，不害人，不偷人”，并且对欺人者、“害群马”、“梁上君子”深恶痛绝。我受人欺负几十年，又被人害过，东西也被人偷过，觉得欺人者是无德、无识、无能之徒，害人者是害人一千而自损八百之人，憎恶偷人者把不属于自己的东西占为己有。

因此，我对玛姆变相“偷”的做法很作呕，觉得她的“偷”很不地道。长此以往，这还得了？于是，我就在编播股内部严查这件事。因为组织给我权力的同时也给了责任，所以我在处理这件事的时候，既不把矛盾上交，也不外扬家丑。人嘛，做事不要太损！

玛姆很不争气，查出她复原继续用的人名冒领稿费装入自己的腰包。我当时大发雷霆，严厉批评。玛姆羞愧无比、痛哭流涕。我这人心软，在她把钱退了以后就此作罢，并且宣布：“此事不许外传上报”。

但这件事惹下了玛姆。可能也是自己政治上的不老练、领导艺术不高明的一次表现，让玛姆对我怀恨在心。在后来旗委组织部副部长范文亮亲自到我家谈话让我入党、教我“进步”时，玛姆闻讯跑到机关党委、组织部对我大放厥词，据说是“一把鼻涕一把泪”地哭诉，反映我“莫须有”的问题。结果使我的入党、提干终以“群众关系不好”而作罢，让我的党龄和提干的时间往后推了两年（这也可能算是当年自己的官运不济吧）。

这里我要问一声比我年龄大好多的玛姆大姐，你现在老了，受到良心的责备了吗？反正我是问心无愧！因为我对你以前的做法已经竭尽庇护之能事了！虽然我批评你有点过狠，但处理你却是够宽的，我不是宣布了“此事不许外传上报”，你忘记了？

这时我又想起了曾国藩的那句话：“宁可不识字，不可不识人”呀！

故事35：一个原本就不应该发生的故事

1989年，也就是在我调往乌海电台工作的第二年，发生了一件既影响我进步又影响我声誉的亲戚打官司事件。这件事情发生在20世纪80年代末。那时国民的思想还没有彻底解放，法律意识还比较淡薄。但这件事当时反响大，尤其在家乡的亲戚圈里。此事缘于亲戚之间很小的经济利益而导致亲戚关系完全破裂。现在想来，里面怂恿者有之，煽风点火者有之，结果让一个很小的事情发展到两个家庭反目，对簿公堂，最后借助法律这个神圣的武器才算把事情平息。现在把这件事写出来，除了能让不知情者有所了解以外，也好让后来者引以为鉴。

（1）汽车修理部

现在回想起来，我这个“处事无奇但率真”的性格在有些时候未必能行得通。或者说那时做事还不够自在圆通，再加上那时我四十多岁，正处在像孔子说的“血气方刚，戒之在斗”的年龄，自然就把有些事情处理得生涩了一些。

在我从杭锦后旗往乌海市调动之前，我就在乌海市买下一个迎街的既能修车又能做住宅的房子。因为当时我的三个孩子都在上学，妻子没有工作，生活确实困难。当时，人们说修理汽车能挣钱，我就用我多年的全部积蓄3.5万元买下这个地方。这时，我又是“二力分发”，一边上班，一边开个汽车修理部。除了雇来的几个修理工，我的已经辍学的二儿子也在里边干活，也算我为他解决了就业问题。

汽车修理部开起来以后，生意很好。主要得益于三个方面。如果按孟子的“天时不如地利，地利不如人和”之说，我开汽车修理部是“天时、地利、人和”三者尽占。一是当时在乌海市干这个行业的没有几家，但买汽车的人与日俱增，这可谓“天时”吧；二是我买的这个地方就在乌海市有名的“自由市场”。那时到了乌海市一提“自由市场”几乎大人小孩都知道，这可谓地利也；三是我在电台工作，接触的人多，和一些大单位有来往，让他们来这里修车也不算“行贿受贿”，更沾不上“行业不正之风”，这只是“搂草打兔子”顺手办的事情。那时，我开的汽修厂可真是“生意兴隆通四海”呀！

1989年春节，我回家乡探亲。在亲朋好友相聚的酒局上，我的一位亲姑舅说，他有个儿子没怎么念书就去一家汽车修理部学徒修车。那时“亲姑舅”过的日子在家乡是数一数二的，要比我可强多了。我们与他们相比，那可是解放前贫农和地主的差别、现在穷人和小康的不同。

我去了乌海市以后的情况，家乡的人都知道。杭锦后旗与乌海市只有黄河之隔，两地的商贸交往、人际交往信息很灵。我在乌海办汽修厂他们也听说了。席间，我的这位“亲姑舅”就提出让我拉扯他的儿子一把，把他的儿子带到乌海市锻炼，去我的汽车修理部干活，并提出愿意拿5000元入伙。

我答应了“亲姑舅”的请求，后来就发生了一个原本就不应该答应的故事。

按现在的企业法规定，这5000元算是风险抵押金呢，还是算做股金呢？但就这5000元不仅把我们的“亲不过的姑舅，香不过的猪肉”关系搞破裂了，而且直至反目，对簿公堂。

在我写回忆录的这一年，“亲姑舅”的弟弟苗二蛋请我回老家给他的儿子当娶亲。在酒桌上，我见到了“亲姑舅”老两口，他们失声痛哭，拉着我的手说，“三栋儿，过去的事已经过去了，那时我们都年轻，但我们还是‘亲姑舅’呀！”

酒席上，我也见了“亲姑舅”的儿子，他现在无事可做，挺可怜的。我当场给“亲姑舅”答应：“如果有事要我帮忙，我一定尽力办。”

(2)“亲姑舅”入伙

故事还得返回来说。“亲姑舅”让他儿子拿着5000元入伙后，我们商议好，由他的儿子和我的二儿子赵亚峰共同管理汽修厂，实际是我在坐镇指挥。他的儿子比我的二儿子大三岁。我的厂房，他的技术，利润实行“五五”分成，也就是修车挣的钱，除掉所有的开支后一家分一半（他的儿子那年十七岁，学徒刚满两年）。

修车生意继续红火，但就是因为这“红火”引出了亲戚不团结、不和谐。这时，我想起社会上的一句话——钱是王八蛋。古今中外有多少人因为这个“王八蛋”惨遭不幸。当代的、古代的，因为钱财又让多少人落马？财迷心窍的人又办了多少糊涂事？但在这件事上，我得严正声明，我与“亲姑舅”反目，可不完全是为了钱，而是因为“亲姑舅”夫妇逼人太甚、贪心太重。

“亲姑舅”的儿子来乌海后，和我们吃在一起，住在一起。人就是这样，“唇齿相依，还要磕碰”。住的时间长了，这小家伙儿就开始挑剔，今天不吃豆腐，明天菜做得咸了。妻子、孩子之间就闹起矛盾来了。

矛盾的产生还有另一个原因，那就是有人在怂恿。他们看到这个汽车修理厂能挣点钱，就想把它占为己有。“亲姑舅”不识字，但老婆挺厉害，据说姑娘时当过生产队的妇女队长。于是他的老婆就提出：“分家！或把你的修理厂干脆全卖给我。”我没有答应。

我不答应的原因有三：一是我的二儿子不上学，没有职业，我得给他找个干活儿、生存的地方；二是那个修理厂不仅是我养家糊口的经济来源，还是我们全家的栖息之地，我如果卖给他，我们全家去哪住？三是他拿来的5000元现金是作流动资金用的，怎么分呢？给八分之一厂房？这不合情理，也无法分呀！我央告“亲姑舅”说：“三哥，我全家也得活呀。”更主要的理由是，这地方是我买的，你如果想在乌海干，我可以帮你重新买地方。不愿干，把5000元退给你不就完了吗！

可是，无论我怎么解释、说服都不行。“亲姑舅”哥嫂是“老母猪拱住个山药窖”，就瞅住这个地方不放。于是，我先后把家乡的生产队长齐王保、村里有名的“劝事佬”王耀山，还有他的亲弟弟苗二蛋请到乌海来调解。人家都劝他们说，你们拿的5000元只是参股，不可能把全部产权给你。你只有两条路能行通：一是好好合作，继续你们红火的生意；二是给你退钱，自己另谋生路。结果，劝事的人头天晚上和他讲好，第二天上午他和怂恿者一见面就又推翻了。此事反复几次，我觉得事有蹊跷。

在修理厂前面住着一户人家，和“亲姑舅”是一个村子里的老乡，那时这个人在乌海市海勃湾区公安局任职，还有点职务。他是“张六圪旦村”的贫下中农子弟，我在农村时，他有时回家“光宗耀祖”，我也见过。有一次，我认识的乌海市工商局的一位朋友和我吃饭喝酒时突然叫我的乳名“三栋儿”，我问其由，朋友说：“你的公安老乡对你有成见。”

紧接着，又接连发生了几件令我至今不能谅解“亲姑舅”的事情。现在把实情写出来，请大家公正地评判。

时间又僵持了有两个月，矛盾继续扩大。双方老婆和孩子都住在一个院里。“亲姑舅”老婆挺厉害的，每天起来指桑骂槐，用水泼我的家门。农村妇女有怨后，不是骂仗就是打架。有一次，我去呼和浩特市出差，“亲姑舅”老婆带着她的两个孩子和我老婆领着比他们的孩子小几岁的两个孩子发生冲突，打起架了。双方力量悬殊，最后我的老婆孩子吃了败仗。“亲姑舅”老婆还用这样的话骂我的老伴：“祖奶奶要搞不臭你们，祖奶奶绝不离开乌海！”

“亲姑舅”在怂恿者指使下办的第二件事，更让我至今不能饶恕。“亲姑舅”带着他的老婆跑到我单位——找到乌海电台台长马忠文告恶状，他的老婆放声哭诉，声音特高，搞得整个广播电视大楼都能听见。

他们除了提出要给我四万元让我们全家卷铺盖走人外，还提出："赵云升是国家干部，他经商办企业，犯的错误你们领导管不管?"

这下我清楚了。原来他们是听了"高人"指点，要抓我的把柄，戳我的软肋。

我们亲戚间发生的这件事，马忠文台长早有耳闻。忠文劝"亲姑舅"说："你拿四万元钱让他走人那不对，你这是强买强卖。房子是人家买下几个月后你才来参股的，你们看到能挣钱就想占有，有点不通人情了吧。再者，赵云升给儿子开个修理厂实际是为儿子自谋职业，不算违规违纪。"忠文又以"不要影响我办公为由"让他们回去好好商议。这时，"亲姑舅"夫妇双双跪在地上给马台长磕头，"亲姑舅"老婆临走时还愤愤地说了句"你们官官相护"的话。

（3）对簿公堂

他们到单位闹事以后，我觉得这事不能再这样拖下去了。长此以往，家将不成家，人将不成人了。你看矛盾的双方，一方算是有知识的事业单位干部，另一方是个目不识丁的农民老乡。不知情的人，不管谁对与错，首先唾骂前者。现在想起来，自己也觉得无能，怎么连这么个事也处理不好？但在当时来说，我确实是万般无奈，"秀才遇见兵，有理说不清"。我当时穷得再没有栖居之地，如果把修理厂让给亲姑舅，我和家人该去哪里住？那是20世纪90年代的赵云升呀，那时真是"房无一间，地无一垅"，而"亲姑舅"是存的有、放的有的富庶之家呀。如果是现在的我，有可能把呼和浩特市或乌海的房子卖给"亲姑舅"一处。那他也得给我说好话，好好商议才行，不能用毁我、害我、骂我祖宗、戳我软肋的办法硬逼着要买我的房子呀。这事儿赵云升当时的确办不到，试问，当时多有微词，又想把我这个"地主儿子"重新打倒在地的君子们谁能做到？请站出来说道说道……

继续说这件事。于是，我就和我的几个好朋友们商议，其中有我的朋友加领导马忠文台长，也有当时好得像是亲兄弟一样的同届同学杜建和，还有一个在《我的故事》里没有露过名的巴盟师范同学范永林（现在乌海市广播电视局任纪检书记），大家一致认为——只能借助法律解决这个难题。理由有三：一、你的姑舅兄嫂无理取闹，谁也劝不住，只有法律的威严才能镇住他们。不然，他们有的是时间，又无所顾忌，继续胡闹，影响很不好。其二，此事被闹得沸沸扬扬，不知情的人还以为你不近情理，影响你的声誉。如果通过法院判决，会给大家一个公正明确的说法。这其三，主要是杜建和说的："打官司不是丢人的事，在我们过去落后的中国，人们以为亲戚之间打官司不光彩，其实法律是最公正的，最有说服力的。通过一场公正的审理，可以把你们的事情全部黑白分清，然后对外公布，以正视听。"他拍着胸脯说："我是兼职律师，依我看，这官司保证能打赢！"

我采纳了大家的意见。就由我的老同学杜建和负责办理打官司的所有事情，起草起诉书、准备律师材料全由他负责。他那时是乌海市市委的综合秘书。

于是，我作为原告，借助法律手段去解决这件棘手的事情。而"亲姑舅"在怂恿者的支持下替他找了乌海市有名的高级律师——一个姓张的老头。"亲姑舅"夫妇理直气壮并到处扬言，说他们有的是时间、有的是钱打官司。

通过严格的法律程序，最后终审判决：汽修厂归赵云升所有。在法官的参与下，双方清算了合伙时全部的经济账，给"亲姑舅"共退了12700元的股金加分红，他们一家四口离开了汽修厂，随即离开了乌海市。

这场持续了大约半年之久的亲戚间的官司终以两败俱伤的结果结束了。虽然法院判赵云升胜诉，并让"亲姑舅"承担了诉讼费，但是赵云升实际"败"得更惨！伤了心，伤了情，伤了声誉。民间说："聪明人是自断，糊涂人才是官断。"

多少年后，我的那位曾经当过乌海市副市长的杜建和同学在酒局上还挖苦我和"亲姑舅"打官司这件事。大家说说，他怎么能这样呢?! 他当时主张我打官司，并积极支持我、替我当辩护律师打赢了官司，现在又拿这件事取笑奚落。噢，我想起来了，他那时给我当了半年律师，我只请他吃过饭，还没给过他律师费呢。逗乐而已。

建和是当面对我戏言，可谁知又有多少人在背后对我“扒灰唾臭”呢?

我写这个“不该发生的故事”，还有另一个目的，就是在让高人评判是非的同时，给后人一个前车之鉴。更重要的是，我得出一个重要经验之谈——千万别和亲戚合作搞经济活动。

我喜欢美国作家马克·吐温说过的一句话——“别到处跟人抱怨这个世界欠你什么，其实，这个世界什么都不欠你的。”

故事36：一个因祸得福的故事

下面再说第三件事。就是在北京联络处工作时发生的一件当时不顺心、现在想起来又很开心的故事。

要想创业首先得创收。联络处给我定了个特殊政策，允许我以联络处的名义、用联络处的发票搞经营活动，所得利润的70%上交联络处，30%归我个人，单位不再给我发工资。

这一刚性规定，对我这个只会舞文弄墨的清谈文人来说确实是一种压力。我开始冷静地思考：适者才能生存，这里是我久待的地方吗?

这里我得引用《我的故事》开篇的话里的一句话：我骨子里的基因决定了我后天的性格，只要我点了头的事情就要义无反顾地“笃行”下去。大丈夫嘛，能文能武，能官能民，能上能下，能屈能伸。于是，我就开始了我长达九年的“刨闹”生涯。

北京联络处的弟兄们都在搞创收。我在北京住了一个多月，看到他们（尽管他们大都带着州官和县官的级别）也不容易，大家都忙忙碌碌地想方设法在挣钱。

主任和副主任喜欢做大生意。他们的胃口大，放眼世界，有能力有地位，手头又有资金，眼睛瞅准国际贸易做羊绒生意；书记和办公室主任每天起来策划商议小买卖，他们今天想跟河北的商贩做板栗，明天又想和东北的商贩做板材。我该干啥呢？没有办法，我就瞅准了乌海资源。

当时国内正是计划经济和市场经济双规并行的时期，社会上物资紧缺，基本处于卖方市场。而乌海市属于资源和产品双富集地区，当时市场紧缺的钢材、玻璃、水泥和化工产品——聚氯乙烯这些紧而又紧的东西乌海市都有。经过自己深思熟虑，我决定打回老家“闹革命”。如同成立了乌海市政府驻北京联络处返驻乌海工作站。

我利用在乌海电台和内蒙古电台“吹喇叭”时的关系资源，先后找了乌海市千里山钢铁厂的厂长刘锡文、海勃湾玻璃厂的销售厂长武文俊、乌海第二通运机械厂的厂长高鸿宾、乌海水泥厂的厂长张甲山，一边采访写他们的文章，一边让他们批些他们生产的紧俏产品给我。当时社会上有句话说“十亿人民九亿商，剩下一亿吃官饷”，全国各地常驻乌海经商的人们对这里的资源趋之若骛。你只要能批上条子，足不出户转手就以高价转让，也不用垫付资金，更没有任何风险，就这样，我就把“一桶金”淘上了。

这种“顺手牵羊”的买卖做了两年，使我尝到了甜头，真印证了人们说的“要想富就去办事处”的话。每次做成一笔这样的“转手买卖”，我就规规矩矩地把70%交给联络处，自己留下30%。这30%也还是个不小的数字。可能也是我的儿女们命好，供他们念书、盖房、给儿子娶媳妇用的几乎都是这些钱。这里，我要再次感谢“春天的故事”，感谢市场经济，也感谢北京联络处给我定的刚性创收政策。古人讲“置之死地而后生”，我更相信“高压之下出真才，重金之下有勇夫”呀！

这时，我想起了《刘老根儿》的电视剧里的一句话：“刘老根儿你是个什么样的人？你是个闲不住的人！”联想自己：赵云升你是个什么样的人？自己卖过牛粪，放过牛，做过农民，当过“孩儿王”，三十六岁才考上师范当学生，之后又当过“无冕之王”，你现在手里拿着国家颁发的公务员证，却靠“刨闹”挣钱过日子，是苦是甜？是忧是乐？是干正事还是走歪道？自己也不得而知。反正一句话：“为吃饭，为谋生”。实际上，人呀，就是江河里的一棵小草，社会的风浪将你飘到哪里，你就要在哪里随遇而安，你都得泰然处之，你都得正确对待。你还得学会调整心态、换位思考，你还得学会让大脑兴奋点转移。不然让你遇到不顺心、不愿接受的事情，你就会垂头丧气，从此一蹶不振。

（1）“养鸡下蛋”

这样倒买倒卖的事情做了两年。虽然当时的政策好，没有把我当“投机倒把”分子抓起来，但总觉得不是个长远之计。“上山擒虎易，开口告人难”，求人的事总不是个滋味。于是，我就向联络处提出申请：能否利用乌海的资源，在“煤”字上做文章，自己养个“鸡”下蛋。

当时乌海市的焦化厂一拥而上，但全部都是初级加工。这些焦化厂根本没有循环经济、继续深加工、生产高端产品的概念，特别是全市最大的号称20万吨的乌海焦化厂，生产焦炭产生的初苯全部廉价出售。如果把初苯加工成精苯，价格就能翻几番，而且国内稀缺。我搞了个详细的“可行性报告”交给了联络处。我可以自大地说，要论写文章，和联络处的那几个人比，我肯定是高手了。“可行性报告”写得既可行又诱人，因此马上就被获准，并给了我10万元的启动资金，又给我挂了个“乌海市精苯厂筹备处常务董事长”的头衔。就这样，我开始实践我的梦想，不！也是北京联络处的梦想。

从筹备到试产成功生产出第一罐“精苯”，整整用了三年时间。我领着几十个招聘来的工人就在海勃湾焦化厂东墙外的沙窝里安营扎寨，又一次铺开身子大干起来。精苯厂离我家大约有十里路，厂里给我买了一辆轻骑摩托车，每天两趟，往返四十里路。乌海市的风沙大，当时人们形容乌海的气候是“一年一场风，从春刮到冬”，而且是标准的沙漠气候，紫外线照射强烈，人们的皮肤都是一样的黑不溜秋。有一次，我在焦化厂门口碰见海勃湾公安局刑侦科女科长李永珍，她还开玩笑逗我说："你到北京犯啥错了，怎么在这儿接受劳动改造？"

这三年的辛苦我不赘叙。我这人不怕"辛苦"，就怕"心苦"（实际这个时候我已经没有"心苦"了），再加上我踌躇满志，干得还满欢落。

生产精苯科技含量高，技术要求严；建厂投资大，资金缺口严重。好多技术、资金、政府批文问题的解决以及协调各种关系都是我一个人的事。驻京办在北京的领导都在北京干大事，只给你10万元人民币由你折腾，实际就是我在唱"一人台"。当时我已经看得很清楚，用我儿时读《西游记》的感悟解释我当时的差事最合适："取回经来唐僧坐，惹下乱子是孙悟空"。但我抱着一定要成功的信念，义无反顾地干下去。因为人嘛，来到这个世界上就要做点像样的事情。

下面就说几件建精苯厂时至今还记忆犹新的人和事吧。

（2）"拼命"建厂

建厂需要大批的钢材，因为乌海没有这种优质钢材，就需要去包钢解决。我们就找到了原是乌海市委组织部部长、后调任包钢党委的张书记。几次接触后张书记不忘旧情，终于答应帮助解决。于是，我摆了酒局请张书记及包钢的领导吃饭。张书记是位蒙古族领导，酒量很大，酒场和官场一样有权，而且韬略极高，能抓住你的脉搏。张书记举着酒杯说："赵云升，你要几吨钢材就得喝几杯酒，不然我不给批。"

怎么办？当时酒场有句流行话："若要喝好，东家必须放倒"（放倒就是喝醉的意思）。我既然做东，就得作好"牺牲"的准备。喝还是不喝？要20吨钢材就得喝20杯酒。那时喝酒用的是3钱的酒盅，这就是6两酒，再加上开场敬的酒，总量最少超过8两。而自己当时的酒量充其量也只有半斤。怎么办？

我在心里默默地宣誓："为了精苯厂而奋斗！不怕牺牲！喝！"

我喝得烂醉如泥，连着三天都是呕吐，水米不打牙。

(3)“大难不死”——有惊无险

从建精苯厂的第二年开始，我就向我的奋斗中学的同届同学、时任二厂副厂长的杨志昌借了一辆日本三菱汽车当“腿”。在一次去包头拉化工仪器，在返回的路上出了事故。事故虽然有惊无险，损失不大，但至今想起来都让人后怕。

车上连司机共坐着五个人，其中有两个化验员，还有一个是我已年过七旬的亲四叔，我是接他去乌海给我的二儿子办喜事的。当时，天空下着些小雨，车到了110国道乌拉特前旗路段，说起来也怪，前后没有任何障碍，路也很平，车速也不算太快，眼睁睁地看着把个车忽悠忽悠地翻了。

车翻在路的半坡上，再有一尺远就是两米多深的排水沟。车是从左边翻的，当时我坐在前排右座。我第一个从车门里爬出来，等把他们一个个都拉出来才发现没有一个受伤，就连后备箱拉的几千元的玻璃仪器也无一破碎，只是左边的车门和前保险杠受压扭曲。

司机小刘急着给我解释，他说这段路段有鬼，经常发生事故。这小家伙还忽悠我说：“董事长没事！大难不倒，越过越好。”后来我多方请教老司机才知道，那段路有转弯，再加上路面有水打滑，司机要是刹车踩得过猛，方向盘就会失灵。如果轻踩、多踩两下，事故就不会发生了。这点驾车知识在我以后学会开车后还真用上了。

(4) 建厂成功

为了把精苯厂“养”成个真正健康的并能长久产大蛋的“鸡”，我用“呕心沥血”、“艰苦卓绝”总结建厂过程比较贴切。上面说了，生产精苯的科技含量很高，安全性又低，稍不注意就会酿成无可挽回的大祸。我为制定长治久安的战略绞尽脑汁，身体力行，三年内没有休息过几个星期天，过春节我也最多休息两三天就跑到厂子里去了。

我先后十几次到当时在国内最有影响的精苯冶炼基地——河北省定州市考察，几十次到包钢焦化厂请教。走出去，请进来，潜心研究生产工艺，组织安全施工，筹划安全生产。除了施工，每天还要组织招聘来的二十多位被任命为副厂长、技术员、会计出纳、化验员等生产人员学习两个小时，听我从包头焦化厂请来的技术员王工给大家讲技术和工艺课。全厂上下都按建厂时制定的规章制度有条不紊地运行，包括厂区内绿化、美化都搞了。精苯厂有模有样，看上去生机勃勃。

1997 年秋季，精苯厂试产成功，各项生产数据、各个生产流程均已达标，我欣喜若狂。我在《我的故事》上篇里写过一句“低调处事，不善张扬，潜心奋进，后来居上”的行事格言。所以，我事先没有声张，试产成功的第二天才开始逐级上报。分管我的直接领导是新调来的一位小官儿，每天“老兄长、老兄短”地叫着我，他是我的巴盟乡党，人们都叫他王大头。他听了以后，当时的高兴劲儿也是“一跳三丈高”。记得在举行投产成功的庆祝会上，当时的副市长、以后又当上了包头市委书记、现又调任江西省组织部长的莫建成也参加了。与会的人们都热情地“飘扬”我，与我握手祝贺。

三年建成精苯厂，我感到欣慰。静下心来细想，三年呀，人的一生中能有多少个三年？而且那时我快到五十岁了，正是人生出成果的三年。我们中国共产党用了三年时间打了三大战役，解放了全中国。而我这个共产党员也不逊色，用了三年的心血、精力和体力，使尽浑身解数建起一座精苯厂，这也算一个合格的共产党员吧。但后面发生的故事是读《我的故事》的朋友们谁也想不到会发生的一个我当时想不通、现在想起来又很开心的故事。

故事 37：“王莽篡位”

在精苯厂生产正常运转不到一个月。有一天晚上，我和王大头等几个人在海勃湾区公安局旁边的、王大头的“麻友”冯三召开的食堂吃饭。也许是大家都喝了酒的缘故，我和王大头因为一个政治话题发生了口角冲突，并翻了脸。他认为毛泽东的“文化大革命”好，我认为邓小平的改革开放适合中国国情。后来，我才知道王大头为啥动那么大的怒，原来大头是在“文化大革命”中靠造反起家、“根正苗红”的贫下中农子弟。而我却认为没有邓小平的改革开放就没有中国的新时代，更没有赵云升的今天。我的论点强势，论据充足，再加上我“舌战群儒”的能力，占了上风。王大头理屈词穷，恼羞成怒，酒局不欢而散，我回家呼呼睡大觉去了。

第二天，我照常早早去精苯厂上班。厂区内花团锦簇，厂房里机声隆隆，一派生机。墙壁上我亲手写的“把精苯厂当成我们的家，我们就能有饭吃”的大字标语格外醒目。精苯厂和往常一样，一切是那么美好，我的心情也是美好的。这个时候，我把头天晚上发生的事早忘到九霄云外了，那不就是酒桌上闲聊、抬杠嘛！但我万万没有想到王大头连夜跑到杜建和家告“御状”，策划了王大头蓄谋已久的“夺权计划”。宦海险恶呀！政治和权力怎么会让一些人变成冷血动物呢？怎么好好的一个人，一到利欲熏心、大权在握的时候就变得六亲不认并做出歪情歪理的事了呢？

上午十点多，王大头坐着辆三菱车来到厂子里，随车来的还有一位不认识的年轻人。王大头见了我不说话，他让他安排来的女会计王三女召集精苯厂全体职工开会，包括我从包头聘来的技术员王工也参加了会议。王大头有权召开会议，因为他才是真正的董事长，而我这个常务董事长实际是一个受苦的副董事长——一个被利用的“孙悟空”。

王大头开始了他的董事长报告：“我这是第一次给大家开会，现在我宣布一件事：今天来的这位是我新聘来的正式厂长叫韩平，也就是咱们×××市长的亲弟弟，以后精苯厂实行厂长负责制。赵老兄，你就当副董事长算了，尽快移交手续。散会！”

我听了先是一愣，但马上淡定。当场拿起电话问杜建和：“另用厂长的事你知道吗？你们‘卸车杀牛’？”建和安慰我说：“我也没办法，要正确对待！”

我愤怒至极：“你这叫啥话？你们歪让我正？你们做了歪理歪事，让我正确对待？”我心里暗骂建和：“你这是屁话！”

大家说说，这不就怪了，怎么好好的一个人，一做了官就变得情理不分、是非不明、处事不公、官官相护了呢？难道人们在关键时刻都是只顾一己之利而放弃人情味儿吗?！这时我突然想起曹雪芹在《红楼梦》里说的“机关算尽太聪明……”的话是多么富有哲理呀！

我拍案而起，扬长而去。

故事38：上善若水　宠辱不惊

这时，我愤怒的心情不是杜建和能安慰下来的，而是一位叫孔子的儒家圣人和另一位叫老子的道家贤人让我平静下来。

孔子曰：“君子有三戒：少之时，血气未定，戒之在色；及其壮也，血气方刚，戒之在斗；及其老也，血气既衰，戒之在得。”是他告诉我——你年过不惑正是壮年，千万别斗。

再加上老子的话又在我的耳边响起：“上善若水，水利万物而不争，处众人之所恶，故几于道……”是他告诉我——人处得最好的状态是水的状态，最好的品德是水的品德。水善于给万物以好处，却不争取自己的利益。它不拒绝待在别人不愿意待的地方，所以接近大道。

“宠辱不惊”是指一个人不管遇到好事或坏事，受到抬举或侮辱都不要一惊一乍把它当回事，那你这个人就达到一定的境界了。

我讲这些“之乎者也”的话，我想王大头者听了肯定不会感兴趣。当然，他感不感兴趣我无所谓，我要做的就是不再争斗，不再理会就是了。

就这样，我苦心经营、精心哺育了三年的精苯厂就被别人“夺”走了。如果把精苯厂当做一个桃子或者果子的话，王大头实际就变成了历史上“蹲在峨眉山上摘桃子”的那个声名狼藉的人了。

之后，我就移交了工作。从此，我再没有进过精苯厂半步。一年以后，精苯厂停产，全体工人散伙，我管理时生产出来的几吨精苯，因为数量小也没卖上好价钱。据说价值几百万的厂房到现在还闲置着，欠我的三万多元工资、欠工人的十几万元工资至今无人兑现。建厂时银行的贷款怎么还？几百万元报废的财产窟窿怎么补？我都不知道，也不想知道。这可能是纪检部门的事，与我老赵无关。

但我还是要多说两句话正告大头兄弟：你名字叫“大头”，但不能做这头大的事呀！我的三万多元工资可以不给，但那几十名工人的工资可是至今无人过问呀，他们可都是些贫穷的弱势群体呀！我来自治区工作后，有些工人经常打电话找我说这件事，他们有的声泪俱下，有的愤恨至极。我们弟兄一场，向你如实反馈，他们说你是“拔上别人的毛给自己贴胡子，只管自己风流不管别人疼”。还说你这人很不地道，“为溜须市长，临阵易帅，把一个好端端的厂子葬送了”。还说了许多你在外贸当局长时的难听话，这些事因为与我无关，我就不说了。但精苯厂倒闭你确实应该承担责任，仅此转告。你应该对历史和良心做个交代，不然你会后悔的。据说你现在身体多病又每天嗜赌如命，我认为仁者寿，安者寿，你应该醒悟了！！！

精苯厂的事儿，当时我恼火。现在回想起来，还得感谢上苍，感谢王大头和杜建和。不然，现在还让我待在那个厂子里，即便年薪百万又有啥用？当时我是被一个“穷”字逼得头脑发昏，才把那个厂当成一回事，而且对人家把我挤走还不高兴。原来“苯”是一种对人体非常不好的有机化合物，久闻会导致好多病变产生，据说还有致癌物质。我现在悄悄告诉大家一个刚刚知道的千真万确的消息，消息是乌海市的一位权威人士告诉我的，说大头兄弟得了肝癌已经三四年了。是否与吸“苯”有关，那就不得而知了。我听后觉得惊愕并婉惜。我虽然对他有看法，但总的来说他还算是个好人，我用什么帮助他呢？就送他如何对待这种病症的十六个字吧：“正确对待，积极治疗，顽强拼搏，笑面人生。”这也算做云升对大头兄弟的一种安慰吧！因为他过去老兄长老兄短地叫了我很多年……

我赌气离开精苯厂，现在回想起来，好像冥冥之中有一种玄虚的东西在点化我，是一种神使鬼差般的阴差阳错，好像有一种力量安排着我的命运、扭住我的潜意识不让我在那个地方待，不让我在那个地方当那个被“架空”的常务董事长。亲朋好友都劝说过我：“挂个名，不干事，工资照发也是个好差事呀!”但我坚决不干。

现在想来，其实也不是什么玄妙之学在作祟，而是自己“开弓没有回头箭”、“好汉不走回头路”的性格使然。我不找任何人评理，也不向任何人低三下四委屈求全，也没有找更大的领导反映情况，而是自谋生路，走出了一条后来被证明是因祸得福的路子。

按常理，我是一个正式的国家干部，那时还算一个正科级公务员，自己一没有违纪犯错误，二没有渎职不作为，为什么逼迫着我在外靠“刨闹”过日子？乌海财政给一个在册公务员划拨的人头经费哪里去了？我自己辛辛苦苦、用了三年时间建起的厂子又被“摘桃子”的人干黄了。怎么办？上访？告状？闹事？唉！人和人有七十二个不好意思呀！因为那个时侯，这个地方还是我的那位“同届学弟”杜建和在一手遮天呀！

写到这里，我长舒一口气！我的“苦”和“累”终于要结束了。

过去的“苦”，过去的“累”，过去的人，过去的事，都已成过去。我厌恶这所有的“过去”，因为我看重和喜好的是“未来”。未来的日子是在“春天的故事”里，那肯定都是阳光明媚的好日子。

下　篇

60 岁以后生存环境阳光、和谐，正处于“人生第二春”，一字以慰之曰：“乐”——以“事”为乐。无鞭自奋，笑面人生。

故事39：激情工作　快乐生活

我为啥要在六十岁以后才慰之曰“乐”呢？因为我的“乐”的确是从六十岁之后开始的。我的“乐”是以不受压抑、不受歧视为“乐”；我的“乐”是以自在圆通、潇洒自如为“乐”；我的“乐”是以多做事情体现价值为“乐”。

到了2005年，我已经六十岁（虚岁）了。我来到自治区工作也整整六年了。六年的奔波、六年的铺垫、六年的积累、六年的辛勤耕耘应该到了收获的季节了。我的前半生除了在乌海市建精苯厂时遇到那种特殊而又特殊的事情和特殊而又特殊的人群外，依照正常的自然规律、处于正常的人文环境，如果不是遇到“天灾人祸”，耕耘和收获、付出和回报一般是成正比例的。

下面再继续我的第一条红线——工作事业线的延伸。这时，这条红线变得跳跃而欢快，变得粗壮而更有力了……

从2005年8月开始，我的事业全面铺开。下面展示一个我六十岁前后的工作事业示意图吧：

一、筹谋创建了内蒙古财富工程，我担任办公室主任。

二、注册了“内蒙古财富工程发展中心”，我是法定代表人。

三、成立了“内蒙古企业家健康益寿俱乐部”，我担任秘书长。

四、“中国企业家全国理事会”聘任我为内蒙古办事处主任。

再加上1998年12月4日任命我为经济日报报业集团中国企业家杂志社驻内蒙古办事处主任和2005年6月16日任命的记者站站长，我身兼六职，实际是“一套人马，六块牌子”。内蒙古自治区政府又在政府大院给了我六间办公室，我乐呵呵地坐镇指挥，小兄弟、小姐妹们忙忙碌碌、各尽其职，队伍人才济济，还有一位拿着国家高级营养师证书的营养师精心呵护着我们的健康……大家都激情工作，快乐生活。我吆喝着“六套马车”，消闲着也忙碌着。无鞭自奋，笑面人生。

我的这些“官衔”，都是“非常设机构”、“社会团体”、“民办非企单位”、“中央媒体驻区单位”的负责人。我自己搞了这么多“头衔”到底是为啥呢？我可以对天宣誓：绝对不是为了满足虚荣，把当官作为“嗜好”。我挂这些头衔的目的只有一个——就是为了实实在在地做人、做事。请诸君记住我的一句话：“做人做事是一世的，做官显威是一时的。”我经营这些活动，都是在“为生存、为事业”的综合心理支配下自己谋划出来的活动。不是组织安排、也不是哪个人硬性让干的，全是自己“生”着法儿寻找出来的。这可能就是当下人们说的“创业”吧！

但我搞不清是咋回事。是因为自己出身低微、处事率真？还是因为自己不会来事儿，不会玩弄机巧权术，不会哗众取宠？或不会刻意地“为人处世”？反正从小至老，只要做了冒尖的事情准要找来一些人的嘀咕或非议，甚至诽谤。那么我现在搞的这些益国益民又利己的活动准不会被毛泽东笔下的那些“土豪劣绅”们说成是“痞子运动”吧。

我又坦然一想，即便有人叽叽咕咕、说三道四，对我也无可奈何！因为一位伟人讲过：“能受大磨为铁汉，不遭人忌是庸才”的话很富有哲理。

这时，可能又有人要说：“你六十多岁的人了还铺开这么大的架势，想要干啥？”

云升回答：“我要追回我在农村耽误的十四年光阴，我要对得起我在父亲临终时的承诺——绝不虚度此生！”

因为古罗马哲学家塞涅卡的话一直响在我的耳边：“内容充实的生命就是长久的生命。我们要以行为而不是以时间来衡量生命。”善待人生，尽力去把握每一次命运的搏击，此生才会无憾。

故事40：正人兄弟　文如其人

下面插叙一个中转过渡时期的人情故事。

我刚来自治区开展工作，我的又一位好兄弟要露面了，他就是现在的《经济日报》驻内蒙古记者站站长陈力。北京的好兄弟——“中企”杂志社社长刘东华事先给陈力打电话说明了情况。我来内蒙古自治区政府大院找陈力，政府大院站岗把门的武警战士不让我进，因为我当时没有任何正式身份，乌海市的“联络部长”早已名不存实更亡，精苯厂的常务董事长也被闲置了，“中企”的任命书站岗的小战士不认。没有办法，只能给陈力打电话。

几分钟后，陈力和我见面了。原来他是一位极具文化人气质的小伙子，赤峰口音，戴一副深度近视眼镜，说话和顺，慢条斯理，和我的快言快语相比，显出了他明显的稳重。相互寒暄问候，完成了中国人的这些必需的礼节之后，我跟着陈力来到了他的办公室。陈力说话很省力，只说了两句话：一、你就先和老刘（刘德友，是原来的记者站站长，刚到龄退下来）用一个办公室。二、明天我带你去内蒙古党委宣传部新闻处报到，处长是你的巴盟老乡贾学义。

紧接着他给几个人打了电话：“我们总部派来一位来内蒙古工作的领导，中午有酒局，请你们参加。”

谈完正事，我很感激他，站起来告辞。因为听刚才电话里说，陈力中午要接待领导，我得赶快知趣而退。谁想陈力脸上变色：“你怎么能走呢？给你安排了饭局你要走，是啥意思！”我急忙辩解：“你不是说北京总部来领导了吗？”他笑着说：“就是你呀！”这时我心里想：“陈力真会抬举人，我能算北京总部的领导吗？”

陈力是中国人民大学毕业的高才生，原是内蒙古日报社的高产记者，是经济日报社从内蒙古的几大媒体里用“优选法”选到记者站的，文章写得很好。

以后，我们弟兄处的时间长了，我才发现，陈力的脸和心是一样的。心里稍有激动，脸上马上就有反映。看来陈力不是那种深藏不露的“白脸奸臣”。其人如其文，在以后十多年的相处中，陈力给过我很多帮助，也是一位有情与云升、有助于云升的好兄弟。

故事41：一套人马　六块牌子

上面提到的六块牌子实际是做的六件事情，下面就按做事的时间顺序一一叙述。

挂牌一：中国企业家杂志社内蒙古办事处主任。

“中企”在全国各地设立办事处，是刘东华去“中企”当社长后，在“中企”二次创业时的一项独特的策略。东华想得远、想得大。他想在全国各省市全都有自己的地盘，进而把“中企”做强、做大。东华对我说，你在内蒙古那样偏远落后的地区（1999年内蒙古的GDP增速还不是全国第一），如果三年内，内蒙古能有三百人看我们的《中国企业家》杂志，老兄就算成功了。

“中企”计划在各省市设立办事处，内蒙古是全国第一家。是东华的事业需要还是专门为我而设立的岗位？我从来没有问过。以后山东、西安、天津、上海、南京和东北等地的办事处相继建立起来。办事处的工作任务主要有四项：发行、广告、理事、会议。实际是四个创业又创收的平台。要想把这四件事做好，没有任何经验可借鉴，只有靠自己摸索，靠自己开拓。看来“人的命是天注定”，“创闹”两个字一直和我相随相行。

发行是“中企”重要的基础工作。就像一个企业一样，生产出来的产品卖不出去，企业肯定亏损或倒闭。“以管窥豹，略见一斑”，我就写一下我当这个办事处主任四项任务中的一项吧。

刘东华是个做大事的人，他不算小账，最多时能拿出70%的利润让给办事处（和乌海市驻北京联络处的政策正成反比）。这样，我们做起事来就有动力了，“重赏之下必有勇夫”嘛。于是，我又开始了苦思冥想，用我的“妙道长存”指导我的实际工作。我大打人海战术——这时我想到了学生。近代史上的“文化大革命”运动、历史上的“五·四”运动、“一二·九”运动都是靠学生发动起来的。我想在“中企”办成点“大事”怎么不发动一下学生呢？这时我就用我曾经教过书的这点资本来研究学生。第一，学生有两个假期的空闲时间可以为“我”服务。第二，学生更需要钱（穷兵饿学生嘛）。我把杂志社奖励的70%利润的60%都给学生，刺激他们的积极性。第三，当代学生需要社会实践。于是，我先后在内蒙古的六个大学：内大、师大、工大、农大、财院、医学院建立了发行站，利用学生的两个假期，让他们找自己学校毕业后当了企业家的校友订阅《中国企业家》杂志，我是真正动用了千军万马，想尽了千方百计，历尽了千辛万苦。我成功了。第二年，《中国企业家》杂志在内蒙古的发行量由我来之前只通过邮局发行的三十六套，达到三千多套。东华拍着我的肩膀“飘扬”我说：“老兄行呀！”

故事42：中央媒体　记者站长

挂牌二：中国企业家杂志社内蒙古记者站站长。

“中企”驻内蒙古记者站的牌子是“中企”给内蒙古党委宣传部致函后才启用的（见附录2），记者站里站长和记者实际就是我一个人。宣传部是一个要害部门，不然各级宣传部长为啥高半格进常委呢？宣传部一有大小宣传活动都通知我参加，比如庆祝活动、企业剪彩、工作会议等，特别是一年一度的内蒙古自治区两会（人大、政协会议），我是年年必去。记者是个好职业，工作面大，接触人多。我重操旧业，轻车熟路，也算是个内行了。因此，期间认识了不少人，知道了不少事，出了不少头，露了不少面，客观上也树立了“中企”在内蒙古的形象。可是，我参加这些活动的时候总是“只带耳朵不带笔”，因为这些一般的活动对于“中企”这样一个全国乃至世界发行的大刊物是不登载这些地方消息的。

2011年金秋，在《我的故事》即将“杀青”的时候，我收到“小舟传媒”的邀请，请我参加“胡润百富”在鄂尔多斯星河湾举办的活动。胡润其人，我早有耳闻，早在1999年我就知道有一个外国小伙子在中国搞富人排行榜，想不到这次接触让我感触颇深。

我在旗县、盟市、自治区以及现在《中国企业家》杂志（内蒙古党委宣传部称其为中央媒体）的几十年媒体生涯中见过的传媒人士很多，但胡润给我的印象却很特别。我见过他之后就不得不给我这个“记者站长”找点活儿干——写写胡润。写他的目的主要是给媒体的同行们看的，一个十九岁的外国小伙子，不远万里来到中国，十几年的时间做成那么大的事业，实在令我汗颜，因为他做到的我这个中国老媒体人没有做到。下面对他做个简介。

胡润，本名叫罗伯特·胡格沃夫，1970年生人（比我的大儿子只大一岁），胡润百富董事长兼首席调研员，毕业于英国杜伦大学，1990年留学中国人民大学学习汉语，曾任职安达信会计事务所，凭借中文优势1997年被派往上海，1999年首创“中国百富榜”，被称为研究中国民营经济的“教父级”人物。这一年，他利用业余时间和假期，查阅了大量资料，凭借自己的兴趣和职业特长，历经数月，排出了中国历史上第一份和国际接轨的财富排行榜。最后，以胡润命名的中国富豪榜在具有全球影响力的《福布斯》杂志上刊登了。一直计划打开中国市场的《福布斯》第二年主动找到胡润，特邀他合作完成本年度的“中国五十人财富人物排行榜”。因为五十位企业家的财富排行生动地反应了新中国经济发展腾飞的一个侧面，所以中国媒体同行给予了高度关注和热捧。2001年胡润辞去了安信达的工作，名片改印为“《福布斯》杂志中国首席调研员”，他将富豪榜的上榜人数扩充到了一百人。2002年，对于胡润无疑是个悲喜交加的特殊时期，喜是被媒体联合评选为“2002 年度新锐人物”，悲是收到了《福布斯》与他终结合作的消息。

好在 2002 年下半年胡润就在香港注册了自己的公司——亚润智源，与《福布斯》分道扬镳。尽管失落，但胡润早已不是 1999 年那个居无定所的自由撰稿人了。

2003 年 3 月 31 日，在北京大学光华管理学院，胡润与张维迎共同组织了《中国财富品质论坛》。凭借已经建立的名气，“胡润财富系列”图书销售火爆。随后胡润宣布，他将与国际著名传媒集团“欧洲货币机构投资”合作，共同推出《中国大陆百富榜》，并为此出版一期中英文双语特刊——《中国货币（China money）》。

几乎震惊中国传媒的是，胡润竟然用一纸传真请来了时任英国首相的托尼·布莱尔。胡润没有像众人预料的那样跌倒，反而跳得更高了，几乎所有人都认定胡润与英国政界、中国商界交情甚深。

胡润说：“胡润百富榜，我希望它能成为一个中国百年企业的招牌。”不知道这是否也意味着，这位英国人的下半生也将主要在中国的富人们身边度过了？

胡润百富被广泛认为是追踪记录中国企业家群体变化的权威机构，亦是一个集榜单研发、媒体报道和策划举办奢华活动为一体的高端媒体平台。他的旗下拥有四本杂志：《胡润百富》《胡润马道》《名校指南》《擎》，还有一个胡润研究院以及一个专门为中国企业家和高收入人士进行商务活动策划的部门。

见到胡润，他总是面带微笑，看上去满脑子主意。他能说一口算得上流利并习惯性夹杂些英文单词的汉语。他笑着调侃称，中国有“证监会”、“保监会”，而他们的胡润百富研究院相当于中国的“富监会”。

以上就是胡润其人其事，我想所有的人看了都会有所启发的。胡润是个能做事情的人，他有过失落，也有过失败，他也是一个锲而不舍、勇往直前的人。

云升（左二）与胡润（中）在鄂尔多斯星河湾

故事43：高端平台

挂牌三：中国企业家全国理事会内蒙古办事处主任。

让我当这个办事处主任是和“中企”连在一起的。刘东华是理事会的秘书长，经济日报社历任社长都兼任过理事长，王光英等国家领导人也担任过名誉理事长。这个理事会在国内外影响很大，理事会的成员是以国内知名企业家、海外华商领袖、跨国公司在华首脑为主体，联合著名经济学家、管理专家及资深传媒人士共同组成的全国性联谊组织。但参会的门槛高，会费也高，常务理事三十万元人民币，普通理事五万元人民币。

我在担任理事会办事处主任期间，内蒙古参加“中国企业家全国理事会”的企业家由原来的零数上升至十人。其中有鄂尔多斯集团总裁王林祥、伊利集团总裁潘刚、伊泰集团总经理张东海、亿利集团总裁王文彪、蒙西科技总裁刘挨林、河套酒业集团总裁张庆义、呼铁局副局长朱惠刚、金川啤酒集团总裁赵焕然、内蒙古华荣实业有限公司富子荣等先后做了常务理事和理事。他们参加了中国企业家全国理事会后在全国乃至世界都大大提高了自己的知名度和美誉度。我和这些企业的老总也都成了好朋友，当然，我也积极地为他们做一些事情。

我这人一生下来可能上苍就给我注定了一个做事干活的命，而没赐予我做官享受的福。我喜好平淡，喜好活动，我总觉得“活动活动，要活就得动，要想多活就得多动”。说也怪，我要是一天无事可做，心身马上就感觉不舒服，而只要干上一件事，就废寝忘食、义无反顾地“有条件要干，没有条件创造条件也要干”，总觉得自己身上总有一股爆发力往外喷射。

故事44：沙漠之旅

当了中国企业家全国理事会内蒙古办事处的主任，做事的平台就更大了，收成也自然更好。因为这个“理事会”是把中国的大企业家、富裕阶层都集结到一起了，像联想集团的柳传志、海尔集团的张瑞敏、阿里巴巴的马云、鄂尔多斯的王林祥、伊泰的张东海、亿利的王文彪、伊利的潘刚等等，他们都是理事会的常务理事和理事，总共加起来四百多人。据说这四百多个企业的资产占了中国民间资本的十分之一，你想，我这个办事处主任整天和这些大企业家在一起搅和、共事，只要你有能力，想做事，那有多少大事能做呀！

亿利集团总裁王文彪（左一）和云升在中国企业领袖年会上

我曾经为“理事会”的一位常务理事做过一件事，我认为这件事意义深远，影响重大，也算我驾驭六套马车做事的一个得意之作吧。

内蒙古亿利集团总裁王文彪是一个有思想、有思路、“野心”勃勃的企业家（现任全国工商联副主席，他的集团现有资产总额几十个亿），我们平时关系不错，他叫我老哥，我叫他兄弟。

有一次，王文彪向我提出一件事：想利用中国企业家全国理事会这个平台把全国的企业家组织起来，共同治理库布其沙漠。我一听，这是好事呀。我当时拿起电话就和时任理事会秘书长的刘东华通话，东华很支持，于是，我就和王文彪飞到北京南苑机场，在中科院的一个小院——亿利集团驻京办事处和刘东华、牛文文、黄丽陆等“中企”负责人共同酝酿决定了一件大事——成立“中国企业家沙漠生态俱乐部”，开始了治理库布其沙漠的活动之旅。

库布其沙漠是中国第六大、世界第九大沙漠，沙漠总面积1.86万平方公里。要征服地球上这样大的一块沙漠，没有足够的力量和足够的资本是不行的。所以，碰头会上决定邀请一批全国著名企业家亲临库布其沙漠七星湖举办“中国企业家沙漠生态之旅”活动。

活动的目的：

1. 感受并关注沙漠地带的人们的生存环境与发展需求。

2. 联合中国的企业家成立一个开放性的组织，共同探讨并着手建立一个既尊重各方利益，又能推进沙漠生态资源的产业化和资本化开发的发展体系。

3. 本着务实、合作的原则进行项目开发，造福一方百姓，促进西部发展。

活动的基本内容：

1. 举行“中国企业家沙漠生态林”揭碑仪式并签署《中国企业家沙漠绿色宣言》。

2. 地方政府为企业家赠送生态林用地使用证（每位企业家获赠一百亩的生态林）。

3. 成立“中国企业家沙漠生态俱乐部”。

4. 举办“沙漠生态产业化和资本化”主题论坛。

这次活动共有三十多名国内大企业家参加。记得那次来的还有国内著名经济学家、北大光华管理学院院长张维迎、联想集团董事局主席柳传志。柳传志因为老父亲病重当天不能一起随队赶到，但第二天他自己包专机直达鄂尔多斯，参加了两天活动。自治区、鄂尔多斯两级政府积极支持，并都有重要领导参加。对内蒙古来说，这是一个意义重大的事情。

环境乃民立之本，这次活动搞得很成功，也算我为根治地球顽症——沙漠之害出了一分力吧！

故事45：财富工程

挂牌四：内蒙古财富工程办公室主任。

2005年，我来自治区工作的第六年。在我的努力工作下，“中企”在内蒙古的形象逐渐树立起来，我想把事业做大做强的条件也随之成熟。这时我想，从政治经济学的观点来讲，政治和经济、官僚和资本是一个相依为命的统一体，尤其在当代中国，离开政治和政府，你搞任何活动都将一事无成。如何能使“中企”办事处在内蒙古的政治与经济、企业与政府之间实现良好对接中起到纽带作用，进而使办事处成为一个不同于普通媒体的办事处，使赵云升也成为一个不同于普通记者的赵云升呢？我苦思冥想之后作出决定：要建立一个赵云升有能力驾驭，而不像建乌海精苯厂时被人架空，并且说了话算数的组织。这样，创建“内蒙古财富工程”（以下简称财富工程）这个“妙道”就在我心里构思、孕育、逐渐成形，并开始着手运作。

创建内蒙古财富工程，赵云升是“总设计师”。

2005年8月18日，由经济日报社社长武春河带队，一行八人来到内蒙古参加“内蒙古财富工程”成立仪式。

下面用《内蒙古自治区人民政府办公厅【2005】59号会议纪要》

（见附录3）来介绍内蒙古财富工程的创建过程。因为“会议纪要”是官方文件，要比我自己叙述更具有政策性和可信度。

故事46：会议纪要

※ 共创单位：经济日报社、国务院发展研究中心、中国企业家全国理事会和内蒙古自治区党委、政府共同创办。

※ 领导重视：经济日报社社长、中国企业家全国理事会理事长武春河，国务院发展研究中心企业研究所所长、著名经济学家张文魁，经济日报《中国企业家》杂志社社长、中国企业家全国理事会秘书长刘东华一行八人来内蒙后，自治区党委书记储波、自治区主席杨晶会见了武春河一行，自治区党委常委、秘书长任亚平，自治区副主席赵双连，自治区人民政府秘书长乌兰巴特尔等参加会见。翌日，自治区副主席连辑主持召开座谈会，研究实施创建内蒙古“财富工程”、培育提升企业家精神有关事宜。自治区党委副书记杨利民、自治区人大副主任胡忠、自治区政协副主席郐宝恒出席座谈会。

※ 纪要关键词：会议认为，国家首先在内蒙古实施创建“财富工程”，与我区贯彻落实科学发展观、构建和谐社会的思路和措施完全吻合。通过实施创建“财富工程”，能够尽快提升企业家的经营理念，塑造企业家精神，加强企业家队伍建设，为企业家群体营造更加宽松和谐的社会氛围，推动企业家们以良好的精神状态，更加积极地创造社会财富，从而为自治区经济社会发展作出新的更大的贡献。

※ 组织机构：双方共同组建成立了“财富工程”的领导机构。组长由杨利民、武春河担任，副组长由赵双连、连辑、刘东华担任，内蒙古政府秘书长乌兰巴特尔、中企内蒙古记者站站长赵云升担任办公室主任。办公室设在经济日报《中国企业家》杂志社和中国企业家全国理事会内蒙古办事处。（自治区党委原副书记杨利民同志调离内蒙后，内蒙古财富工程领导小组组长由现在的自治区党委副书记、自治

区政协主席任亚平担任。又增补了自治区人大副主任胡忠、自治区政协副主席许柏年为内蒙古财富工程领导小组副组长。）

※ 参加会议人员：经济日报报业集团《中国企业家》杂志社内蒙古办事处主任赵云升、原自治区人大副主任伊钧华、原自治区人大副主任贾才、伊利集团潘刚、蒙牛集团牛根生、伊泰集团张双旺、亿利集团王文彪。

※ 纪要发放：分送自治区党委书记、副书记、秘书长，自治区主席、常务副主席、政府顾问、副主席，政府秘书长、主席助理、副秘书长，政府办公厅副主任。各盟行政公署、市人民政府以及参加会议的各个单位。抄送自治区党委办公厅、人大常委会办公厅、政协办公厅、纪委办公厅。

这次活动，内蒙古各大媒体都在头版头条显要位置报道。内蒙古电台、内蒙古电视台以及呼和浩特市地区的广电媒体，当晚就在头条作了详细报道；内蒙古日报以及呼和浩特市地区的媒体，第二天在“要闻”版报道。之后，内蒙古电台和内蒙古电视台又对赵云升进行专访报道，特别是内蒙古电视台又做了长达十六分钟的专题节目，《内蒙古日报》用半个版面、《北方新报》用了一个整版宣传报道了“财富工程”。“财富工程”在内蒙古的大地上闪亮登场。

紧接着，“会议纪要”确定的各项工作逐项付诸实施。

我们又自己宣传自己。在我们所有工作人员的手机里都有同一个广告宣传词——“内蒙古财富工程是由国家经济日报社、国务院发展研究中心、中国企业家全国理事会和自治区党委、自治区政府共同创建的培育企业家工程，旨在培育提升企业家精神，促进关爱企业家健康。”这样一来，财富工程的定位就更加显赫了。

故事47：扎根千里

紧接着，内蒙古的十四个盟市（包括二连浩特、满洲里两个计划单列市）都相继成立内蒙古财富工程领导小组。我带着内蒙古政府副主席、内蒙古财富工程领导小组副组长连辑给各盟市党政一把手的亲笔批示——“请认真接待，积极支持”的尚方宝剑，在内蒙古的东、西2000多公里的大地上走了一圈，督促各盟市成立财富工程领导机构。各盟市领导成员的组成和自治区基本都是一个模式，各盟、市委副书记任组长，副盟长、副市长任副组长，各盟市政府的秘书长、财政局长为成员，经委主任任办公室主任。

云升和高级授课团在锡林郭勒盟风景区合影

（左二李义平、左三云升、左四艾丰、右一孙选中）

各盟市领导机构成立起来后，内蒙古财富工程就不是“空中楼阁”、“无根草”了，而是形成一个政治和经济、政府和企业、文化和精神上下有机结合、实现良好对接的实实在在的工程。内蒙古财富工程蓬勃、健康地向前发展着。

这个时期，我的心里总是美滋滋、喜洋洋的。

“会议纪要”里的几件实事在半年内全部落实。这里我得用评书里“花开千万朵，单表一两支”的叙述方法说说培训企业家的事。

“财富工程”以“培育提升企业家精神、关爱促进企业家健康”为宗旨，在自治区及盟市两级党委政府的支持、重视、积极参与下，

“会议纪要”里提到的各项工作全面铺开。我首先组织邀请国内著名经济学家来内蒙古讲课，组织内蒙古的企业家到北京参加每年一次的“中国企业领袖年会”。这两件事搞得有声有色，影响大、效果好。赵云升作为“财富工程”的设计者、创办者、实施者整天心情愉悦，指挥有度，忙碌着、快乐着、收获着……

故事48：高级授课团

我首先和北京的几个相关部门组织起了“内蒙古企业家培训班授课团”。他们的基本情况如下：

艾丰简介：著名经济学家、高级记者、哲学研究者及社会活动策划者。研究生导师。其著文提出的农业产业化、资本运营、质量理论、名牌战略、小城镇建设和城市化等问题，曾引起社会各界乃至中央高层的关注和重视。

陈淮简介：1978年在中国人民大学获博士学位，1993年获得研究员职称，为国家级有特殊贡献专家，现任国务院发展研究中心市场研究所副所长，中国人民大学博士生导师。

刘持金简介：美国物理学硕士和哈佛大学工商管理硕士，1997年加盟爱立信集团，创办爱立信中国学院，1999年10月出任诺基亚中国区副总裁，负责公司业务以及政府关系和大客户管理工作。现为泛太平洋管理研究中心总裁。

吕峰简介：北京大学教授，北京大学光华管理学院博士后，现任北京大学光华管理学院高层管理者培训与发展中心副主任。曾任南开大学国际商学院人力资源管理系人力资源管理课程组组长。

宋新宇简介：德国科隆大学经济学博士，著名企业战略家，1993年起，加入欧洲最大的罗兰·贝格国际管理咨询公司，历任顾问，高级顾问，项目经理，中国区董事总经理，1999年创建易中，任董事长。

王新超简介：中国科学院心理研究所博士，澳大利亚昆士兰理工大学管理学院博士，北京大学光华管理学院组织管理系副教授。

李义平简介：北京大学第一个经济学博士后，中国人民大学经济学教授、博士生导师。北京大学经济学院企业家特训中心，北京大学继续教育部培训中心，清华大学职业经理培训中心等高等学府主讲教授。

周天勇简介：中央党校研究室副主任，经济学博士，教授，北京科技大学博士生导师。研究领域为社会主义经济理论、宏观经济、经济发展和增长、劳动经济、金融风险、城市经济、农业经济等。

孙选中简介：中国政法大学商学院院长。中国管理科学院资深院士，中国国际交流协会常务理事，中国高等商科教育学会理事，北京高校管理学会理事，兼任一些企业及政府的高级管理顾问。

我们的授课团师资实力雄厚，队伍规格高端。

授课内容：主要定位于全球及中国经济形势与分析、企业战略思维与实施、企业领导艺术、组织变革与组织设计、企业投资决策、品牌管理等。

证书获得：完成全部课程、结业综合考试成绩合格者将获得由北京大学光华管理学院、经济日报《中国企业家》杂志社、内蒙古财富工程办公室共同颁发的结业证书。

故事49：在主席台上

紧接着举办了“内蒙古企业家第一届培训班”。这次培训是由内蒙古自治区政府出资，在内蒙古自治区人民会堂举办。来自全区十四个盟市的718名企业家接受了为期三天的高端培训。90%的听课者都是有生以来第一次聆听这些“大家”讲述。这次培训使企业家大开眼界，培训班在全区引起轰动。自治区领导王占（当时的内蒙古政协主席）、任亚平（当时的党委秘书长）、胡忠（当时人大副主席）、许柏年（当时的政协副主席）、经济日报社社长徐如俊、长江商学院院长项兵等参加了开班仪式。我以内蒙古财富工程办公室主任的身份在主席台就座并讲了话。

此时，我看到主席台上坐着两个正省部级、三个副省部级，还有一个正厅局级领导。再看台下，偌大的人民会堂座无虚席，我心里又感慨良多，悠然自乐！而我自己算啥呢？所谓的“厅级”之类的待遇，别人不清楚，我自己最明白，那都是个别领导用来鼓励你卖命工作的——只给你部分待遇，没有实际权力。我的这个“头衔”是用“铅笔”写的，只要用“橡皮”一擦，马上就不复存在，因为组织部不备案。这时候，我完全找到了陶渊明“采菊东篱下，悠然见南山”的潇洒感觉，做事最能享受人生。

中午，储波书记、胡忠副主任举行了招待宴会，这是我第二次和自治区党委书记一起用餐。第一次是在此前成立内蒙古财富工程领导小组时，储波书记、杨晶主席等领导招待经济日报社社长武春河一行时我随同参加，这一次又是储波书记招待北京来的授课团讲师让我作陪。此前，我没有参加过这么高规格的宴会。午餐虽然很丰盛，但餐后我没觉得和平时有什么不同，身体也没有丝毫的变化，健康状况依然如故。看来，还是谚语说得好：“粗茶淡饭最养人”。

在包头市举办培训班时，我主持召开了全区第一次各盟市财富工程领导小组组长会议。连辑副主席到会并作指示。记得各盟市的领导都在头天晚上赶到包头宾馆，唯有乌海市派来参会的乌海市政协副主席、乌海市财富工程领导小组副组长，也就是我的那位同届同学杜建和给我打来电话请假，说他第二天中午才能从北京赶回来开会。开会时，连辑主席问各盟市领导都到了没有，我说只有乌海市的杜建和副主席车坏到半道了（我说谎包庇了我的老同学杜建和）。当时我想“但得一步地，何须不为人”呢？

在包头办班的当天晚上，我们举办了招待宴会。席间，刘东华突然提出要罚我三杯酒，把我搞得莫名其妙。原来他是要兑现几年前他讲过的“你只要干好，要比当副市长强”的话。他悄悄地在我耳边说了一句“你看，你们的杜市长都在你的领导之下”的笑话。

2006 年 6 月，内蒙古财富工程企业家培训班在内蒙古大地上由西向东全面铺开。每次在盟市办班，都有自治区领导到场，以示自治区党委、政府对“财富工程”的重视。经过一年的培训，第一届企业家培训班圆满结束。

这时，我没想到我在 1984 年结束的“教师生涯”在二十年后又重新出现，所不同的是，过去是给中学生讲课，讲的是文化知识，而现在是领着授课团给企业家讲课，是在培育提升企业家精神。这时候，我想到了哲学里讲到的螺旋式上升理论很富有哲理：每一次回归都不是简单的重复，而是更高意义上的进步。

故事 50：领袖年会

再说说“会议纪要”里的另一件事——组织内蒙古自治区的企业

家参加“中国企业领袖年会”。

“中国企业领袖年会”在国内外影响很大。从2001年开始，连续成功举办过九届。它已经成为中国商界巨擘、政府高官、学术名流风云际会的高端平台，是凝聚企业家精神、展示企业家形象与个性的年度商界顶级盛会。年会致力于推进政府与企业两大逻辑的对接，推动本土与全球商业智慧的融合。每届年会都以深刻而富有前瞻性的主题、高层次的演讲嘉宾和丰硕的会议成果赢得了业界的高度关注与认可。

从2005年开始，连辑副主席连续三年率领内蒙古企业家代表团参加了“中国企业家领袖年会”。内蒙古的一些大企业家，像鄂尔多斯的王林祥、蒙牛的牛根生、亿利的王文彪、伊泰的张东海、蒙西集团的刘挨林、河套酒业的张庆义、金川啤酒的赵焕然等几十位企业老总先后几次参加“中国企业领袖年会”。

故事51：健康益寿俱乐部

挂牌五：内蒙古企业家健康益寿俱乐部秘书长。

我作为内蒙古财富工程办公室主任，知道自己的职责是什么。如果“工程”中的两项服务做不好，等于自己失职或“工程”垮塌。虽然北京和自治区有那么多大领导当“财富工程”领导小组的组长、副组长、办公室主任，但这些领导都是参与者和支持者，实际工作只有我一个人操心一个人干。这些大领导能给你撑个腰，打个气，做个批示，使你的事业干起来“一路绿灯”、畅通无阻就已经很好了。

第一项服务宗旨——培育提升企业家精神。这项工作有“党委重视，政府支持，学者参与，企业家欢迎”四个要素就决定了它的可行性和成功的必然性。

如何为企业家做好第二项服务——关爱促进企业家健康呢？我又苦思冥想，又得用“妙道长存”来解决。于是，我先后三次去北京，找到了当时在国内很有影响的国家卫生部首席健康专家洪昭光，研究探讨成立“内蒙古企业家健康益寿俱乐部”。

洪昭光教授以及国家卫生部原副部长、中国健康教育协会会长、中国医协会会长殷大奎等国内医学界的泰斗们非常支持这个项目。于是，创建“内蒙古企业家健康益寿俱乐部”的系列工作就开始了。

（A）论证会（见书前彩页）

为了论证创办“内蒙古企业家健康益寿俱乐部”的可行性，2007年12月8日，我们在北京中国大饭店举行了“内蒙古企业家健康益寿俱乐部专家论证会”。内蒙古自治区政府副主席连辑、国家卫生部首席健康教育专家洪昭光以及部分国家级的医疗保健专家、内蒙古部分企业老总一起参加了论证会。大家一致认为：成立俱乐部是一个“非常高级的智慧”，为企业家健康服务“功在当代，利泽千秋”。参加论证会的还有内蒙古金银乾坤集团总裁宋文代（被称为“黄金大盗”，已被捕）、内蒙古伊泰集团副总裁李文才、内蒙古鄂尔多斯市经委主任赵文亮。北京方面的除有国家卫生部首席健康教育专家、北京昭光大众健康研究所首席专家洪昭光外，还有北京埠外心血管病医院教授、著名心血管病专家项志敏，中国中医科学院著名养生专家张国玺（近期因交通事故身亡），北京昭光大众研究所所长陈冬牛。

我作为俱乐部的创导者主持了这次会议。

（B）成立机构

我们聘请了六位自治区领导担任名誉主席，他们是：自治区政府副主席、内蒙古财富工程领导小组副组长连辑，自治区人大原副主任、内蒙古财富工程领导小组副组长胡忠，自治区政协原副主席、内蒙古财富工程领导小组副组长许柏年，自治区政府秘书长、内蒙古财富工程领导小组办公室主任乌兰巴特尔，自治区政府原副主席、内蒙古财富工程高级顾问伊钧华，自治区人大原副主任、内蒙古财富工程高级顾问贾才。

秘书长：内蒙古财富工程办公室主任赵云升。

副秘书长：北京昭光大众健康研究所所长助理兼办公室主任黄倩、

内蒙古医学院附属医院院长欧阳晓辉。

(C) 合作协议

赵云升与洪昭光分别以内蒙古财富工程办公室和北京昭光大众健康研究所双方负责人的身份签订了合作协议。

(D) 领导题词

为了扩大影响，我们和昭光健康研究所分头请了国家、北京和内蒙古自治区的领导为俱乐部题词。北京方面请人题词的有：全国政协原副主席陈锦华，国家经委原主任、中国企业家协会名誉会长袁宝华，国家经贸委原副主任、中国企业家协会常务副会长张彦宁，卫生部原副部长、中国医协会会长、中国健康教育协会会长殷大奎，卫生部首席健康教育专家、北京昭光大众健康研究所首席专家洪昭光，北京昭光大众健康研究所所长陈冬牛。我又请内蒙古自治区人民政府副主席连辑、内蒙古自治区人大原副主任贾才、内蒙古自治区人大原副主任胡忠都为俱乐部题词。

为了凑热闹，“显摆”自己的书法，我也写了“关爱促进企业家健康是内蒙古财富工程的主要服务宗旨”的话语印在了俱乐部的宣传册上。(题词见本书开篇彩插后页)

(E) 领导支持

在论证会上，连辑副主席高度评价了成立内蒙古企业家健康益寿俱乐部的重要意义，他讲话说：“策划筹备成立‘内蒙古企业家健康益寿俱乐部’属于社会公益性事业，这个事情可行，有需要政府支持的，我可以帮助协调。为企业家提供健康服务的这种理念和设计是一个非常高级的智慧，以俱乐部的组织方式把权威医疗保健专家资源和企业家直接对接立意很新，我非常赞赏。内蒙古财富工程办公室和北京昭光大众健康研究所分别从组织者和专业支持者的角度策划内容是基本可行的……”

卫生部原副部长、中国健康教育协会会长、中国医师协会会长殷大奎教授指出：“企业家既是社会财富的创造者，也是社会财富的组成部分，他们的健康同样需要得到关心和指导。作为医务工作者或者专业健康服务机构，为企业家健康服务是一项光荣的任务，也是我们义不容辞的责任。我衷心希望内蒙古企业家健康益寿俱乐部能够为维护内蒙古企业家健康贡献力量，祝愿内蒙古企业家身心健康，为内蒙古的社会和经济发展作出更大的贡献。”

（F）保健专家团

昭光大众健康研究所组成了实力雄厚的保健专家团。名誉团长由卫生部原副部长、中国医师协会会长殷大奎担任，团长由卫生部首席健康教育专家、北京昭光大众健康研究所创建人洪昭光担任，副团长由北京大学人民医院心内科专家胡大一、北京协和医院糖尿病专家向红丁、北京安贞医院心血管专家张维君担任。此外，还特邀了原中央保健局局长中南海保健医王敏清、北京医院党委原书记中南海保健医郭普远、总参管理保健部中央军委首长保健医郭文新当保健顾问。

我们又从北京协和医院、同仁医院、北京中日友好医院、解放军302医院等十几家知名医院选聘了六十多名著名大夫作为“签约A+”保健专家。这样，“俱乐部”就以高端的医疗保健机构形式在内蒙古成立起来。近年来，参加“俱乐部”的企业家正在逐渐认识、逐渐改变他们“六十岁以前拼命挣钱，六十岁以后花钱保命”不乏愚昧的生存逻辑，深刻地认识到“健康是1，剩余全是0”的生存理念。

内蒙古财富工程的第二项服务——关爱促进企业家健康，就这样生机勃勃地开展起来。

故事52：法人代表

挂牌六：内蒙古财富工程发展中心主任。

在中国，我的这个“头衔”才是真正具有法律效力的称谓。因为我挂的那么多招牌、干的那么多事情，都与经营、经济有关。工商部门虽然不管我们（因为我搞的都是有政府行为的社会公益活动），但面对银行和税务两大部门，你必须“名正言顺”，不然税务部门不给你开发票，银行部门不给你立账户，那我们的经营就有违法度了。于是，经有关领导批示和相关部门协调，我们在内蒙古自治区民政厅办了个“民办非企业单位”的通行证。

单位名称是：内蒙古财富工程发展中心

法定代表人：赵云升

业务主管单位是内蒙古财富工程办公室。

业务范围：组织国内著名经济学家为内蒙古企业家进行培训，组织企业家参加内蒙古企业家健康益寿俱乐部。

我挂的“六块牌子”，实际是做的六件事，就这样有序地进行着。我始终坚守着“生命不死，奋斗不止”的信念。整日以做事为“乐”，以内心充实为“乐”，以生命的淡定平和为“乐”，以丰硕的收获为“乐”……正如罗曼·罗兰所言：“所谓内心的快乐，是一个人过着健全的正常的和谐的生活所感到的快乐。”

故事53：提前退休

2002年6月，又发生了一件“乐”事。正当我挂着六块牌子，驾驭着六套马车在体制外的轨道上欢快地向前行进的时候，内蒙古自治区政府《关于鼓励行政事业单位干部提前退休的【2002】48号文件》下发了。文件鼓励党政干部提前退休，并规定每提前退休一年增加一级工资。我当时的户口年龄是五十一岁（我在中篇讲过，我有两个年龄。一个是自己的真实出生年龄是1946年，另一个是组织决定同意改动的户口年龄是1951年）。这个政策在内蒙古自治区执行了一个月零六天就废除停止了。当时我听说在全区行政事业单位中，有刚参加工作两年、年龄仅有二十多岁的小青年也办理了提前退休手续。于是，我当机立断，以提前九年，增加九级工资，按副县级的待遇在乌海市政府退休，也就是说，我现在乌海市政府办公厅终身享受着一个县级干部应有的所有待遇。我再次感谢“春天的故事”，感谢和谐社会。

回想自己的过去，正如岳飞之感慨：“三十功名尘与土，八千里路云和月。莫等闲，白了少年头……”而这时的我已经五十六岁了。

工作事业的红线暂且放慢延伸，生活生存的红线继续向前挺进。

故事54：“官场”感言

前人有过“无官一身轻，有子万事足”的话可能是专为我造的“名句”，此又为我的一乐矣。就说中国人讲的三“乐”吧。“洞房花烛夜，金榜题名时，他乡遇故知。”其中，金榜题名实际指的就是做官。那我自己究竟是“官”还是“民”？按现行的国家规定，科级以上干部就算领导，也就是做了官了，何况我是真正的县级公务员，来自治区后又给我一个“高配正厅”待遇。可是我怎么老不觉得自己是在做官，而打心里就是在做人做事呢？这可能也是自己生性使然吧。

我“由民而官”的历史虽说不长，但总的来说还是自我感觉良好。从1984年当上了“无冕之王”成为一名国家干部到2002年提前退休的十八年间，除了因玛姆作祟影响进步，两年职务原地不动；再除去在乌海建精苯厂二年“不务正业”，在这十三年的官宦生涯中，我前进的脚步基本还是“向前、向前、向前”的。

顺便说点关于民族文化的话题吧，不一定正确，欢迎指正。每一个国家每一个民族都有自己的意识形态、自己的喜好和自己的崇尚。比如日本国是尚武，其民众有好武艺便会受到整个社会的尊敬。再比如西方美英等国家崇尚经济，所以他们就教育孩子要好好学习，多学谋生挣钱的本领，“不然你长大没出息，只能当公务员了。”而在中国就不一样了，是崇尚政治和权力。特别是20世纪60年代前后，谁家的孩子哪怕是当了农村的一个生产队长也会像鲁迅先生笔下的小D一样：铿锵、铿锵，自我飘扬……整天摇头晃脑，几乎连自己姓啥都忘记了。周围的人们也会投之以敬畏的目光。

下面再说说中国的“做官论”吧。上面我说过，我的前半生，国家副主席跟我握过手，为我颁过奖；同省部级领导常打交道，共事频繁，司局级干部在我身边比比皆是。从这些大大小小的“官员”身上，我看出一个共同的东西，那就是“千里求官都是为了吃和穿”。吃、穿是人类生存的第一需求，领导们也一样。

写到这里，我想对做官者加点议论，以冷一冷官迷们的心。我把做官者分为两类。一类是靠做人做事做好之后才做官的，这类人不管官做多大，都把做官视为是做人做事的继续，他们勤政、谦恭，笑容可掬，礼贤下士，“周公吐脯，天下归心”，他们是靠才华，靠能力，靠政绩，得到百姓的爱戴是无可厚非的。但另一种人就不一样了，他们靠什么我不深究也无法深究。靠裙带？靠机巧权术？靠“官胎”的延续？这些且不管它，但每当我看到他们摇头晃脑、走路迈着八字型的“官步”、打着轻浮的“官腔”时，我就由不得要蹙眉并想起《孟子·尽心下》中的一句话：“君子穷则独善其身，达则兼善天下”，可是，我们这些爱摆谱的为官者，谁能有久远时期那位孟子老先生的境界呢？

故事55：“喜好盖房”的怪癖

我的前半生基本习惯于自给自足的“刨闹式”生存，就是以后参加了工作，也是一个“农民式”的国家公务员。从上篇里提到的结婚时自己扣土坯盖房子开始，自己建房的浓厚兴趣一发不可收拾，而且乐在其中，走到哪儿盖到哪儿。自己工作调动过的几个地方，除了在北京的九年因为批不上地皮、家属没有跟随而没有建房外，其余走过的乌海市、呼和浩特市都有了像模像样的自建房。前半生先后四次建房，建筑面积一次比一次大。第一次是1967年在家乡建房80平方米（为了娶老婆），第二次是1980年，也是在家乡建房120平方米（为了三个孩子学习），第三次是1993年在乌海建房220平方米（为了赶时髦和某种人群攀比），第四次是2006年，就是现在在呼市大青山脚下建筑的面积有368平方米的住房（为了体现价值进而颐养天年）。大兴土木，其“累”无比。但“累”中有乐，不仅锻炼了身体，而且得到了享受。

写这个“故事”的意图旨在为我的“苦”、“累”、“乐”三字人生经历中的“累”字作个补充。（在修改《我的故事》时无意间发现，我这四次造房很有数字学的趣味性，都是每隔13年造一次新房。这是历史的巧遇，还是数字玄学的显现？但绝不是我自己刻意安排。）

故事56：杏花山上“悟道修身”

要用“数字玄学”来解释，“六”也是个好数字。我来呼和浩特市第六次搬家后就定居在大青山脚下一个叫西乌素图的地方。这里青山绿树，风景宜人，紧靠国家一级森林公园，村子里有几股深层矿泉水一年四季向外喷涌流淌。据说这里是呼和浩特地区唯一的一块国家一级水源区，水里含有几十种矿物质，对人体非常有利。这里漫山遍野全是杏树、柳树和近年新种植的松树。提起乌素图的杏儿远近闻名。每当五月杏花开、七月杏儿熟的时候，这里游人如织。据说，这个村子里的高寿老人就比别的村子多。这里已被呼和浩特市确立为生态旅游区，准备投巨资开发。特别是在2011年末，呼和浩特市召开的两会期间，内蒙古党委常委、呼和浩特市委书记那顺孟和提出要把这里建设成集生态绿化、旅游观光、草原风情、蒙元文化为主的绿树掩映、曲径幽通、白墙蓝瓦、田园风光的呼和浩特后花园。

我在中篇说过，我的前半生自建过四次房子，前三次我就不多赘述。但这第四次建房，我想费点笔墨写出来，因为我的后半生可能就在这里“悟道修身”、颐养天年了。

2003年我在呼和浩特市芳汀花园小区买下一套住宅房，感觉很好。好的依据有三：一是它的名声好。我刚来呼和浩特市的时候，一提起谁在芳汀花园居住了，人们马上就要说“那可是富豪小区好地方呀”。二是它的位置好。芳汀小区的前门是新华大街，是呼和浩特市最中心的景观大道。它的后门是北垣街，是呼和浩特市汽车最好走的街道（整个街道没有设红绿灯）。三是小区功能设施好。小区内设有很正规的幼儿园、封闭的地下网球馆、大型超市、大型地下车库，还有一个偌大的活动广场，再加上小区内绿化美化好，那真是“满园春色惹人醉”呀！

人就是这样，都有得陇望蜀、永无止境的不满足心理，我在这里住了两年之后又觉得它有诸多不好。这就像人对人一样，时间一长，慢慢一品，觉得对方好多隐蔽的毛病都显现出来了。这个小区的人慢慢多了，车也逐渐多了起来，使空气变得混浊，我开始讨厌它了。这房子和人不一样，如果人有缺点毛病，你可以教他改，但这样一个小区你能让它改好吗？于是我这个不安分守己、不安于现状的心又躁动起来了。

国内外好多成功人士的生活方式对我有所启发，我发现他们中间好多人都愿意走出喧闹的城市在郊区建别墅。我羡慕他们远离城市的嘈杂、拥挤、压抑、混浊，找个空气好、水好、清净的地方颐养天年。这可能就像《围城》里说的一样，“城外的人想进去，城里的人想出来”。于是我的“妙道长存”又在大脑里涌动。为啥不在城市的周边找一块山好、景好、风水好的地方建个小屋度过后半生呢？

2004 年，我用了一周的时间亲自驾车周游“归化”城（呼和浩特市的旧地名）。我先后去过呼和浩特市飞机场以东的太平乡、赛罕区东南边的小黑河畔、回民区的刀刀坂村和攸攸坂村以及东北方向的小井沟，觉得这些地方都不适宜或不可能成为我久居养老之地。在一个星期天，我驱车来到呼和浩特市西北方向的大青山脚下的乌素图村时，突然觉得眼前一亮，这是一个多好的村庄呀！

这里离我上班的地方——内蒙古自治区政府仅十二公里，紧靠大青山佛头岭不足两百米，距离国家森林公园不到一千米，村子中间有几股地下矿泉水常年向外喷涌不息。（那年，我第一次去的时候，村子里还没有修好水泥路，我的小轿车被泉水冲成的小沟卡住了，最后是请村子里的老乡用四轮车才拽出来的。）这里三面环山，树木成片，特别是村西边被村民们称作“佛头岭”的山头活像一个老佛睡在那里，其头颅、其眼鼻、其大肚远看栩栩如生，真如活佛现世。老乡还告诉我，如果遇到阴雨天之后、朝阳初升之时，有时能出现“海市蜃楼”

一样的奇观，仿佛看到一个秀发飘逸的美女亭亭玉立在佛头之侧。再看漫山遍野的杏树、柳树和近年来新栽种的松树，满眼的绿色把整个山体几乎遮蔽。这儿的绿化覆盖率达到60%。

人们还说呼和浩特市和北京市一样，西北方向为上“风”上“水”。大青山由东向西延绵千里，但像乌素图这样满是绿色的地段为数不多。人们还告诉我，“乌素图”蒙语的意思是“有水、有草、有风水”之地。在内蒙古大地上叫乌素图的地方很多，远在明末清初，就有蒙古族在这里繁衍生息，以游牧方式生存、活动。每当春夏秋三季，这里绿草遍野，有水皆清，牧民们都从四面八方聚集在这里游牧，最后定居下来，后来这里就叫成现在的名字——乌素图。再后来，住在这里的游牧人多了起来，又分成东西两个村。东边的叫东乌素图自然村，西边的叫西乌素图自然村。

第二年，我找了回民区的领导把我的小舅子潘魁的户口下到这里。

第三年，也就是2006年，我让小舅子潘魁在这里承包了6.8亩荒山种果树，随后，我就在果树园里盖起了现在住的小院儿。

故事57：友人聚会

云升和两位恩师刘兴汉、莎仁及学弟杜建和在我的60m² 集雅厅合影

法国作家雨果说过："回忆是力量之源。"2010年7月，我把自己生活过、学习过、工作过的各个人生驿站中有情于云升、有助于云升、有恩于云升的朋友邀请来家相聚。当时，我请内蒙古电视台的朋友还给我做了一小时的电视专题记录片，解说词是我写的，现附如下：

高祖赵俥智第十七代"一脉后嗣"赵广之孙赵建德之子赵云升请恩师邀诤友聚会纪实：

时光流逝，光阴荏苒，转眼间云升已年过花甲。可能是人生规律使然，怀旧、忆友、思情、感恩之心结常常萦绕心头。有时，竟浮想联翩，夜不能寐。回想自己走过的六十年，一路走来，一路颠簸，几多风雨，几多坎坷；多少凄凉事，化悲为喜；多少泥泞路，健步蹚过。其间，又有多少"有情人"拉一把，送一程，终于沧海桑梓甘泉来。花甲之后本应停下脚步，看看周围的景致，享受人生天伦。然则恰逢盛世，又遇和谐，虽六十有五，仍信步于庙堂、江湖之间。

静坐"晚香亭"，细品人生味，微言大义，洞悉人生。每当此时，总有一个大大的"情"字在灵台跳跃。庚寅仲夏，云升请恩师，邀诤友，把自己人生各个"驿站"有情于云升，有助于云升，有恩于云升的方方面面好友代表邀请到家共诉衷肠。不是显摆，而是显情；不是夸富，而是共享。云升真正的朋友会对云升祝福高兴的！

六十岁是人生第二个春天的开始。云升确立了"以健康为一个中心，坚持动脑健身两个不停顿"的健康理念。除了有嗜书如命、把读书当做饮甘露吞琼浆的喜好外，每日起来以品茗、戏墨、抚琴、垂钓、打太极、练瑜伽等为养生之道，乐此不疲。在大青山脚下、国家一级水源区、水土丰腴之乡建一小院，自娱自乐，颐养天年。

云升自悟：悟通真谛方知我，删尽浮华始见神。

云升自喻：唯大英雄能本色，是真名士自风流。

云升自教：传家有道唯存厚，处世无奇但率真。

云升自勉：上不有负列祖列宗，下不愧对儿女子孙。

媒体一位好友用一首打油诗戏言云升，倒是挺有意思：

“驾名车，住洋房，六十花甲登庙堂。铁肩担道义，妙手著文章；人民大会堂领过奖，国家主席紧握双手予表扬。糟糠之妻“不下岗”，孝子贤孙聚满堂。父慈子孝春常在，其乐融融喜洋洋。”

打油诗妙哉？谬哉？无非逗乐而已。

又有位诤友赐云升一幅墨宝也颇具含义：“俯仰无愧天地，褒贬自有春秋。”逗乐也好，赞誉也罢，其实，云升几十年来信守的人生格言是：

妙道长存，自在圆通，宠辱无惊，万境皆空。

足矣，云升知足。知足者乐，乐者寿，仁者寿矣！

写到这里，回头盘点一下自己苦苦经营的三段人生经历：有艰辛，有收获，有苦涩，有乐趣，有靓丽的生命延续，也有不算厚重的资本延续。让我深感欣慰的是，自己来世一场，虽然生性固执、处事率真，甚至不乏微词，但自觉光明磊落，不怕唾臭。下面再说些家族的事情吧。

故事 58：继祖脉　承先慈

辛卯年（2011 年）春节大年初一，我向全家宣布了我今年要完成的两件事情：一、要对我六十年来的人生做个小结，写我的回忆录，出版《我的故事》；二、把父母的遗骨迁到呼和浩特市。并告诉孩子们：“这是我人生的两件大事，你们一定要支持。”

我经常想，如果要把博大精深、源远流长的中华民族的传统文化浓缩成一个字该是个什么字呢？我认为“孝”字最为合适。“百善孝为先”嘛！我觉得“孝”是一种文化，是社会进步和公众礼仪的集中体现。“孝”在儒家文化当中是处于核心地位的，所谓“孝悌也者，其为仁之本与”。没有孝就不会有悌，没有了孝悌也就没有仁，没有仁就不会有儒家文化……今天我们的和谐社会就是建立在文化传承之上的，没有孝文化的流行恐怕就不会有现在完全意义上的和谐社会。

想到我的父母，他们一生勤朴，任劳任怨，含辛茹苦。其间虽然有过富裕的日子，但没过过一天尽情享乐的生活，他们身上满都是中国人最传统的“温、良、恭、俭、让”。

他们生的4个儿女也都无能，特别是云升，没能让父母分享自己的“荣华”，所以，我只能用四时祭祀寄托哀思，并为已逝去的父母做了下面的几件事：

1. 2004年，我回家乡大兴土木，为父母树碑修坟，这件事当时在家乡还很有影响。

2. 2006年，我又在呼和浩特市建立“祭祖祠堂”，请经济日报社原社长、现在的北京当代中国书画研究会会长武春河写的楹联：“传家有道唯存厚，处世无奇但率真”，刻在了“丰镇墨玉”石匾上。

祭祖祠堂

附赵氏族谱：

1 世：高祖赵倬智　许氏
2 世：智生长男赵　燕　寇氏
3 世：燕生长男赵德庆　寇氏
4 世：庆生长男赵朝用　刘氏
5 世：用生长男赵　印　刘氏
6 世：印生长男赵时正　张氏
7 世：正生长男赵　论　董氏
8 世：论生长男赵重财　索氏
9 世：财生次子赵　玺　周氏　常氏
10 世：玺生哀子赵文高　崔氏　米氏
11 世：高生次子赵　鹏　武氏　郭氏
12 世：鹏生长子赵彦富　黄氏
13 世：富生长男赵　通　高氏
14 世：通生长男赵玖訓　李氏
15 世：訓生长男赵　广　皇氏
16 世：广生长男赵建德　苗氏（云升的父母）

按：赵氏族谱延传规定，族人辞世三年后即可将名字填入族谱。家父母抱养的长子赵云忠去世后，云升几次催促云忠众子弟举行入谱仪式，但其子女却一直避而未办。庚寅年仲秋，云升将其子女五人邀至呼和浩特市商议入谱之事，其子赵巨才表态，他们既不随王家，也不入赵家家谱，只是赵姓不改。此番话让云升嗔目，那他们和我算什么关系呢？是亲戚？朋友？我该怎么对待他们呢？我觉得这些孩子们不懂事也不聪明。云忠是被王家遗弃，由赵家抚养成人的。云忠虽然没吃母亲的“怀中奶”，但是吃赵家雇的奶妈的奶、吃赵家的“手中饭”长大的，是赵家给他娶妻生子才有了现在的后代的。要论老人们对子女谁薄谁厚，对谁宽对谁严的那些事儿，要我说，“无不是的老人”是无过的。云忠要比起云祥终身未娶要强多了。孩子们两头不认？还是两头都认？据云升查找古典，云忠是应该加入赵家族谱的，如果有一天孩子们懂事了，主动提出要把赵云忠的名字加入赵氏族谱，云升会名正理顺地疼爱云忠的这些后代的！

（1）“风水”之说

我为什么要把父母的坟陵迁到呼和浩特市呢？对此，我先后请教了好几位“佛学大师”、“风水先生”。他们一致认为：“为父母移陵，事在必行。”我听了他们的占卜，不是我被所谓的“迷信”迷住，我的观点是“宁愿信其有，不可信其无。”其实理由有三：一是我的胞兄云祥已经去世，近处再无人四时焚纸进香；二是我已年过花甲，随着时间的推移，每年往返行程几千里路回去为父母扫墓越来越不现实了；三是我很信奉我的一位朋友——在乌海市和呼和浩特市都做过大官的冯大侠老兄关于墓葬移陵的五点高论，他说：“建家族陵园，一要有崇崇高山，二要有潺潺流水，三要有树木成荫，四要四周安静，五要位葬高处。”而我为父母选择建陵园的地方正符合以上要旨。

（2）父母移陵

为父母在呼和浩特市建设陵园的想法由来已久，我用“风水”学的知识仔细研究了为父母选的这块长、宽均为22米，共计484平米的新陵园。一、陵园选在我们承包的果树园里。这里是大青山的半山腰，地势比山顶低，但比东南方向的市区要高多了，海拔比市区高出几十米。站在这里鸟瞰呼和浩特市新华广场，就像一个“锅底圪卜”。二、陵园隔墙的后面就是回民区政府新建的水厂和西乌素图原来旧有的水塔，这个水塔经常有水满自溢的流水声，同时村子里有几股泉水一年四季往外喷涌、流淌，也算是流水潺潺。三、父母的陵园里种植了各种果树。陵园的北边是邻居杨天明的果园，东边是村长田利彪爷爷的坟地，南边是前排王家的后墙，西边又是我的果园，四周的环境比较安静。于

赵氏陵园

是，我和这位老兄分析并认定此处“风水”很好，就决定将父母的遗骨迁至大青山脚下、佛头岭侧畔——我现在居住的西乌素图村。

顺便得说一件事。这么好的地方，我想把爷爷、奶奶的坟也迁过来。因为我父亲就是一个大孝子，把爷爷、奶奶的坟迁过来，一是他们“在天有灵，地下有知”能在一起；二是爷爷、奶奶的坟地现在土默特左旗忻州营村的一个低洼地里，他们的坟墓被村民的土地围在一块不足六十平米的盐碱地里，一到春、夏、秋三季，四周一片水洼。我有时回去祭祀，还得脱了鞋，光着脚丫，淌着泥水过去才能给他们焚纸祭祀。我和老家的赵氏弟兄们商议此事，他们全不同意，特别是赵家老大，翻脸不认人。我带着整整一箱小茅台酒和他商议此事，并说明迁坟的费用不用他拿一分钱，结果他能装醉用摔酒杯以示反对，我只能就此作罢。在此告慰爷爷、奶奶：你们一年四季有三季身处“水深”之中，云升“孝”不能尽。唉，我又遇见了一个没文化的族人，又是一个“秀才遇见兵，有理说不清”。

故事59：赵氏陵园记

辛卯年清明节云升将父母的遗骨迁入赵氏陵园

辛卯年清明节，我把父母的遗骨迁到了“赵氏陵园”，又请了河北曲阳的石匠师傅为父母用汉白玉做了陵墓（见照片），我又撰写了“赵氏陵园记”，现附于下：

辛卯年清明吉日，风清气爽，春雨泽润。高祖赵俥智第十七代嫡孙赵云升率众族人，驱车千里，浩浩荡荡，将父母遗骨从巴盟杭锦后旗王五疙旦村的荒野迁至呼和浩特市大青山佛头岭下的水土丰腴之乡——西乌素图村赵氏陵园厚葬。至此，云升如释重负，终偿多年夙愿，始心安理得矣。现将建设赵氏陵园为父母迁坟移陵始末用音像记录，以为后人瞻仰供奉。

迁坟移陵自古为家族之盛事，而云升为家父母迁坟时族人支持者却寥寥无几。云升力排众议，一意孤行，不顾众人冷漠，只有自己辛劳。自请风水先生占卜策划以来，请高人名士选择陵地、积攒薪俸购置陵地、植松种树美化陵地、千里迢迢从河北曲阳拉运汉白玉石、四处买砖购石雇人建设陵园，请画匠艺人绘二十四贤孝图彩画陵园……历时三年之久矣，终于 2011 年 4 月建成陵园。后又四处寻找能工巧匠为父母制作棺柩，终选择呼市地区精巧木工做两副昂贵的香柏棺木，又分别刻有“赵家香火，后继有人”和“祖宗功德，荫及子孙”“二八”十六个大字。于辛卯年清明节前，驱车前往巴盟杭锦后旗迎请二老遗骨作为第一代“墓主”，入住赵氏陵园。

为父母迁坟移陵之际，正值清明时节家家上坟祭祀之时。云升为避免“一家人情两家难”，故采取了一不通知亲朋；二凡是闻讯来参加祭祀者只收人情不收礼金之“二不”举措。祭祀之时，亦有不少亲朋将祭祀自己宗列改为翌日进行，而亲赴云升父母坟地参加祭祀活动。其中更有云升过去的老领导——已是八旬耄耋老人也蹒跚而至。祭祀场面十分感人。在众亲朋的帮助下，于中午十二时之前，将父母遗骨入殓香柏棺柩，请上灵车。在久负盛名的河套宾馆设宴招待众亲朋完毕，由三辆轿车护送，缓缓而归，当日傍晚夜幕降临之前平安到达呼和浩特市大青山下，将棺柩安放在赵氏陵园。当夜，由儿孙轮流守夜，父母灵前四根红烛通夜长明。

翌日凌晨天蒙蒙亮，按阴阳先生安排，在陵园四周鸣放炮竹后，父母灵柩由众孝子扛抬放入陵墓。按当地习俗，父母陵墓用水泥砖石垒砌成高六尺、宽六尺、长八尺的拱形墓葬，内壁用水泥、白灰、腻子抹刮三遍，如人间新居，装饰一新。棺柩下面满铺高级地毯，墓内放有从巴盟迁父母故墓时挖出的一罐溢满“墓头酒”，又配以玉石童男童女、汽车、电视、纸牌、各种娱乐、食品等现代祭祀品。待诸事就绪，随即将父母陵寝封闭，已是近午时辰。此时，远处春雷滚动，天空阴云密布，顷刻间大雨倾盆，经久不停。一位主持仪式的老兄远在千里之外的杭锦后旗闻讯，用电话随赞一语：“大雨淋墓，必定大福”。众人皆欢笑称是也。

赵氏陵园建在家宅东南上方，占地六十六尺见方，以高六尺砖墙合围。集山、水、林、高、静风水之五要。其势三面环山，绿树成荫，旁有淙淙泉水长流不息，正南繁华都市，远望黄河滔滔，可谓风水之宝地也。

父母坟墓皆用汉白玉石做成围栏，并用汉白玉石刻有石兔（家父属相）、石羊（家母属相），又刻有石狮、石鹿、石鹤、石灯、石香炉、石花瓶等供于父母陵寝之前。上方供有“显祖”、“高祖”两块石碑。陵园内种满各种果树，父母陵寝四角种植四颗长青松柏，玉石雕塑偎抱，松柏鲜花簇拥。又于陵园北墙上方题写二百七十八字“赵氏陵园誌”，陵园四壁彩绘“二十四贤孝图”，以此弘扬孝悌，以鉴后人。

陵园门横匾由云升亲书“赵氏陵园”四个大字，两侧是建和学弟用隶书撰写楹联“继祖脉慎终追远，承先慈民德归厚”，皆用丰镇墨玉石雕刻。现家父家母头枕大青山，脚蹬土默川，于林荫花丛中安息，倚佛头岭畔长眠。子孙四时祭祀，祖上久远安息。可谓天人合一，阴阳平衡，人神共处，福禄同享。

云升又撰一百二十八字祭祖祀文，刻于高六尺，宽二尺丰镇墨玉石碑上，作为墓碑，立于父母陵寝之前。碑文曰：

列祖列宗，在天有灵；辛卯清明，树碑祭敬。

告慰祖上，安息英魂；赵家香火，后继有人。

祖宗功德，荫及子孙；先辈师范，光大扬弘。

齐家治国，誓为正人；扬善忌恶，铮骨罡风。

敬业处事，恪守规程；进取向上，壮志犹存。

修道立业，德才俱进；培育子孙，自强厚德。

为官为民，书香门庭；祖上保佑，后代安宁。

家泰人和，万事达通；慧风和畅，龙的传人。

写到这里，我的“三段”人生经历和“四句”处事格言演绎出的一串串苦辣酸甜故事快要告一段落了。那么，写文章讲究的“凤凰头，蜘蛛肚，豹子尾”的这个“尾”该如何收呢？我斟酌推敲良久，还是用《我的故事》下篇里的关键词——“乐”字做结吧。

我总结了“六乐”，请方家品评。

一以恰逢和谐盛世为乐；二以健体强身为乐；三以安居乐业为乐；四以天伦之乐为乐；五以琴棋书画为乐；六以知足常乐为乐。

我想把我的“六乐”里的每一“乐”都写成一个小故事，云升与大家同乐。

故事60：以“适逢和谐盛世”为乐

我的六十岁以后，恰逢盛世，又遇和谐，整日沐浴在春风吹拂之中。我所有的幸福、乐呵都得益于“春天的故事”所造就的这个伟大的时代。

辛卯年春节，我自书一幅春联：“家和睦国和谐家国兴盛，春满院福满园春福双至”。以此言志并表达我对伟大祖国的酷爱之衷情。

看我们现在的祖国，整个炎黄子孙都奔着一个共同的奋斗目标——实现中华民族的伟大复兴。不折腾，万众一心谋发展；讲和谐，聚精会神搞建设。国强民富，四海安定。无战争，无苦役，农民种地不纳赋，学子上学不交费。

“唐尧虞舜夏商周，春秋战国乱悠悠”，后来唐宋元明清，虽有盛世不如今。“文景之治”、“贞观之治”、“康乾盛世”成为过去，新的盛世已经来临。

我的后半生能在这样富强的国度、祥和的社会里度过实在是上苍的恩赐、祖宗的恩德和自己的福禄。我发自内心感恩并赞美“春天的故事”，我喜欢这个“和谐”、伟大而空前的盛世，并以此“乐”引出另外“五乐”。

故事61：以“健体强身”为乐

六十岁以后，云升确立了以健康为一个中心，坚持动脑、健身两个不停顿的健康理念。过去有过一句老古话，叫做“人活七十古来稀”，而现代人提出，人类的生命基因破译以后平均寿数是一百二十岁，最高寿数可达一百五十岁。但我的观点是“黄泉路上事，谁能知多少”。只要活一天就要健健康康，就要欢欢乐乐！现在我把洪昭光先生办的相约健康《药物与人》杂志上刊登的我的文章全文搬过来诠释一下我的“健体强身”之乐吧。

我的“一个习惯、两个能力”能“达标”吗？

●文/内蒙古 赵云升

收到2010年第10期《药物与人》杂志，封面的大标题“一个习惯、两个能力，养生其实很容易”格外引我注目。细读陈冬牛主编与黄光民教授所写的文章，通俗、适用且极富养生哲理。这无疑又给我的健康知识增添了新的学习参照标准。

我读《药物与人》已有四五个年头，我在养生健康方面形成的习惯，是与《药物与人》杂志息息相关的，是在阅读过程中潜移默化地形成的。

我已年过花甲，体魄尚健。我总结了一些自己的养生心得，和大家一起交流。

作者系内蒙古财富工程领导小组办公室主任、内蒙古企业家健康益寿俱乐部秘书长。

我每天坚持的九个养生习惯

1. **“晚十朝六”好睡眠。**我多年来坚持晚十点前睡觉，早六点前起床。且不管在哪儿睡觉都做到头东脚西、猫弓状右侧卧。现在只要头着枕头，两分钟内就可入睡。有一次，阔别四十多年的同窗好友聚会。晚九点半我起身告辞：“我要赶回去睡觉”，众友皆不解。但习惯就是这样才能养成的。

2. **山路步行一小时。**我家住在呼市大青山脚下，紧邻国家一级森林公园。每天六点起床后，带着我的斗牛犬进山步行一小时。极目四野，一片葱绿；和风徐来，清心润肺。

3. **和宠物交流一小时。**我家养着孔雀、珍珠鸡、贵妃鸡、熊猫兔、和平鸽、藏獒狗、花色猫、鹩哥鸟等一群宠物禽畜。我每天早晚各用半小时亲自喂饮它们。听雄鸡啼鸣、看孔雀开屏、和鹩哥对话、放信鸽飞翔，感觉好极了。和它们在一起，既省心，又开心。

4. **早晨冷水浴。**我坚持冷水浴已有十几年，春夏秋冬，从不停顿。形成习惯，一天不洗就觉得难受，近年来几乎没有感冒。

5. **上下午两次品茗吃水果。**《药物与人》上介绍百岁老人饮茶益寿的知识让我养成了每天上午十点半、下午四点半准时饮茶吃水果的习惯。多年坚持，从不间断。自我感觉很美妙。

6. **午睡半小时。**每天午饭后闭目轻睡半小时，醒来感觉很精神。

7. **固定饮食。**一日不可无豆，天天必须见鱼；午、晚两餐饭菜品种多，讲究杂吃、少吃；每顿饭喝二两白酒，多一点不喝，少一点不行。当然这一点一直受家人的批评。

8. **梳头搓脚九十九。**每天早上冲完冷水浴后，用檀木梳前后梳头九十九次，用橄榄油搓脚九十九次。

9. **睡前泡脚喝奶。**晚上睡前热水泡脚半小时、喝250克牛奶。

此外，一有闲暇，我戏墨、垂钓、抚琴、打太极、练瑜珈等。我坚信：活动，活动，要“活”就得“动”；要想“多活”就得“多动”。我确信个人养生贵在养成习惯，一旦养成习惯，养生就是很容易。

我的“三字”人生经历和“四句”处事格言

回顾我的过去，30岁以前在逆境中生存——“苦”，无法养生；30岁以后为事业奔波——“累”，顾不来养生；60岁以后生存环境阳光、和谐，整日与“乐”为伴，正处于洪昭光教授说的“人生第二春”。我提前9年从政府公务员的岗位上退休，信步往来于庙堂江湖之间，从事多种社会公益事业。确立了“以健康为一个中心，坚持动脑、健身两个不停顿”的健康理念；历练形成了“妙道长存，自在圆通，宠辱无惊，万境皆空”的心理品格和处事心态。现在正随时修正提高自己的“营养组合能力”和“调适心情和承受压力的能力”。

以上是我这些年的一些养生习惯，如有不当之处，恳请各位专家和广大读友多指教。我相信，我们都有一个共同的目标，那就是洪教授提出的“六十以前没有病，八十以前不衰老，轻轻松松一百岁，快快乐乐一辈子！”

用一个铁夹子，用时夹在蚊香所需要的长度上，当蚊香烧到铁夹夹的地方时，就会熄灭，既不影响睡眠、也可节约蚊香。

故事62：以“安居乐业”为乐

一代健康大师洪昭光先生说过，“六十岁以后是人生的第二个春天”。琢磨联想我自己的现状，觉得“人生第二春”这个说法很有道理。一、人过“华甲”之后，不管你这几十年是“蛰居者”还是“奋进者”都基本到了退休的年龄段，各方面都有了相当的积淀（包括生命的和资本的)。二、这时自己在各方面的行为方式都是自己管理自己，你的自由度相应地增大了。只要自己能够把握住自己，你就能“天马行空”、“海阔鱼跃”、自在圆通！三、自我调整心态的能力增强了，遇事能三回九转，妙道频生。万事能进则进，能退则退。进，则悠哉悠哉；退，也不苦恼伤神。对“征服世界非好汉，战胜自我是英雄”有了质的认识。四、自己的社会责任和家庭责任基本完成，每天想的、干的都不是别人强加给你的，而都是自己的自觉行为。尤其是对我这个前半生没有虚度光阴，没有颓废浪荡，至今还有一个良好身体状况的自己来说，确实是人生最幸福的时期。

而我的“安居乐业”之乐，也是在这个时期才真正显现出来了。

我现在居住的环境确实很好，乌素图这个地方三面环山，活像一个沙发的靠背和两个大扶手围住我的住宅。这里拥有人类必须的三大要素：上好的阳光、空气和泉水。我在这样美丽的环境里享受着大青山下这六亩八分地给我带来的自然乐趣，自觉生存环境尚好。

我除了在这块地里建起了368平方米的小二楼供自己“蛰居”之外，还把剩余的上地分成了三个区域。 、禽畜宠物区；二、果树绿化区；三、健身休闲区。

一、禽畜宠物区。我养了两条可爱的藏獒、一只斗牛犬。养这“三犬”的主要目的除了让它们为我当保安和警卫，每天清晨还跟我上山“游玩”晨练。据乌海藏獒基地的师傅们说，我这三条爱犬在关键时候能顶一个班的兵力。如果有人胆敢“冒犯”或做“梁上君子”，不等来者行动，我那两条藏獒就会迅速上扑去把他放倒。为了配合他们的保安工作，我在院子里还安了八个电子探头，一旦有爱犬不能尽职工作，公安还可借此帮助破案。

我养着六只欧洲大雁、三只珍珠鸡、两只贵妃鸡。我“喂”它们的目的完全是“为”我自己。据说这些宠物鸡产的蛋营养价值超过我们家鸡的4—5倍，而且这些宠物很有观赏性。

我养了一公一母两只孔雀鸟和数量不等的“七彩鸡”，它们现在已经能开屏展现美丽了。在我写《我的故事》的时候，母的孔雀鸟即将产蛋孵化。等我出版《我的故事》的时候，它们就可以带着它们的儿女们成群结队向人们开屏显美了。

我还养着信鸽和熊猫兔，它们是两个变态的不定数的群体。“鸽兔不多，每月一窝。”诸君看了下文以后，千万别说我残忍。我“喂”它们的目的除了观赏外，主要是“为”我食用的。因为据资料介绍，兔肉和鸽肉，特别是珍珠鸡肉对人的健康非常有利。虽然在现在知识爆炸的年代有些知识不太可信，但吃起烤兔和烤鸽来还是细嫩可口、奇香无比。我还养着三只浑身是宝的长白山梅花鹿，鹿肉、鹿茸都是货真价实的好东西。我问一下喜欢开玩笑的朋友们，你们不流口水吗？

这个禽畜宠物区给我的生活带来很大的乐趣。每天起来听雄鸡啼鸣，看孔雀开屏，和鹩哥对话，放信鸽飞翔……和它们在一起相处相乐要比和社会上那些庸庸多事、“品质欠佳者”相处共事要省心、开心、顺心得多了。

写到这里，引出了一个话题，既然是在“杏花山上悟道修身”，那我就发些“为人处世”的感慨吧：

云升虽为一介“清谈文人”，但怪毛病还挺多。我看不惯某些政客们的“功于心计，巧舌如簧”；看不起那些如小市侩式精灵们的“投机钻营、八面玲珑”；也不喜欢《红楼梦》里王熙凤那种“机关算尽太聪明，枉费了卿卿性命”的精明，更学不会《沙家浜》样板戏里阿庆嫂的“逢人开口笑，过后不思量”的左右逢缘。只是坚守着“率真”性格至今不变。虽然遭来庸者云云，但我傲骨铮铮，“本性难移”。

那么，究竟怎样“为人处世”才能获得人们的“满堂彩”呢？是像刘禹锡在《陋室铭》里说的“谈笑有鸿儒，往来无白丁”好呢，还是像《老子》的“鸡犬之声相闻，老死不相往来”那种独善其身、清静自在幸福指数高呢？是过着三国时孔融说的“座上客常满，壶中酒不空”的日子滋润呢？还是汉高祖的“天马行空、独往独来”活得潇洒自如呢？要我说，为人处世还是按照我国对待国际问题的“和平共处五项原则”交往比较公道。和平相处，以平等为基础：你敬我一尺，我敬你一丈，你要欺我，我就反抗；你有初一、我有十五；你给我一滴水的“恩”，我还你一碗水的“情”，来而不往非礼也！

我想告诉朋友们，在云升的身上没有丝毫奴颜媚骨。我从小就昂着头走惯了，过去在农村33年的压抑都没把我的腰压弯，更何况云升现在是儿孙满堂，已经是当了“爷”的人呢？

以上说些性格的话，算作“悟道修身”故事中的夹叙夹议吧！

二、果树绿化区。我建设了“东西果园加陵园，屋后还有后花园”。

我的这个描述，用我两个孙子的话说，可不是“吹得牛牛满天飞”。如果有人不信，欢迎前来观光。我曾和朋友们开玩笑说：凡来我的小院参观者，不分朋友远近，不论关系亲疏，一律和现在的人民公园一样——不要门票！

我在这6.8亩地里种了3.9亩的果树。仅适应在大青山种植的杏树就有四种。我近几年和当地的果农交朋友，引进了兰州大杏、山西李子、毛桃、樱桃、陕北大枣、海红子、香椿树和改良的123苹果等共计十六个品种的果树。除了我的姑娘从北京买来的三棵石榴树被冻死外，剩余的全都成活了。此外，我还种了大约两分地的十几种蔬菜，都不施化肥，不用农药（防虫用的，都是对人体没有危害的灭虫剂），全家每天进肚子里的都是自产的无公害、无污染的蔬果。我不用担心食品污染之类的事情，我可以向世人宣布：我在三年内要实现凡是进我肚子里的食品80%是自产的、放心的、健康的食品。此又为一乐焉！

三、健身休闲区。

我的院子里建了一个很大气的凉亭，起名曰“晚香亭”。六柱凉亭和凉亭下面所有的石象桌、石象凳都是用河北曲阳县的汉白玉做的，很有观赏性。凉亭下边是观赏鱼池和喷泉。每到春、夏、秋三季，我静坐“晚香亭”，细品人生味，与家人或友人品茗、论剑，心旷神怡。这个凉亭还很有些文化的东西。六根廊柱上和两块横匾上的字都是国内和内蒙古有名的书法大家写的。

凉亭上横挂了两块丰镇墨玉石横匾。一块刻有“晚香亭”三个字，此字是北京当代中国书画研究会会长武春河用篆体撰写，下面对应的两根廊柱上是老武用草书写的“品茗无问儒释道，戏墨遑论野雅俗”十二个大字，这些字如行云流水，大气磅礴。

另一块横匾曰“红霞尚晚”，是内蒙古自治区政府原副主席连辑（现任中共甘肃省委常委宣传部长）用隶书写的，下面对应的两根廊柱上是我的拙笔“唯大英雄能本色，是真名士自风流”。

另外两根廊柱上，分别是被武春河誉为“中国第一楷”的康庄所题——“宁静致远，云升先生雅玩”十个楷体字，和被一代画师徐悲鸿夫人廖静文（她私下对我说的）称为当代中国第一狂草家、曾任过呼和浩特市市委书记和内蒙古人大副主任贾才写得狂草“天道酬勤”。

凉亭前方是健身场地，放有各种运动器械供家人健身。

我还建起了一个168平方米封闭式的叫做“阳光健身房”的冬季健身屋。此屋冬季有土暖气，里面有小游泳池，还有练瑜伽用的“莲花台”，阳光房内还留有大约半分地是冬天用来种植自食蔬菜和种植自用党参用的。

我还从外地购进四块大奇石摆放在院子里的通道两边。这四块大奇石我分别以“实名制”为它们起了名：

一块奇石高约四米，活像一只雄狮，我给它起名曰“雄狮起舞”。奇石背面是春河兄题有“无极”二字，云升题有“仁者寿，乐者寿”字样。

雄狮起舞

另一块奇石高一点五米，宽两米，活像一只老鹰在那里蓄势待发，我给它起名曰“鲲鹏展翅”。

鲲鹏展翅

还有一块高两米的红石，像一只昂着头的大鸟，我又给它起名曰“丹凤朝阳”。奇石背面云升书“悟通真谛方知我，删尽浮华始见神”。

丹凤朝阳

我还从河北曲阳买了一块高三米，宽五米的红白玉石，做了一堵叫做“鹿鹤同春”的照壁。壁的正面是我写的“鹿鹤同松，和谐乐融”八个行草笨字，背面刻有轩石先生（连辑）题的一个大“和”字和一副对联——“妙道长存一尘不染，圆通自在万境皆空”十六个大字。这些字写得汪洋恣肆，气度恢弘。

鹿鹤同春

每天早晚，我各用一小时时间侍弄果树、喂饮禽畜，悠然自乐。我住在这样的环境里，吃着从大青山几百米深的地下咕咕往外流淌的号称国家一级水源的矿泉水，呼吸着清新的空气，沐浴着明媚的阳光，这应该算“安居”吧。

再谈谈“乐业”。我驾驭着“六套马车”在体制外的市场里任意驰骋着，耕耘着，收获着，享受着；乌海市人民政府每月还有不算太薄的县级退休老干部俸禄，云升能不乐吗？这样我们就会理解爱因斯坦为什么要说“只要你有一件合理的事去做，你的生活就会显得特别美好”。

故事63：以“天伦之乐”为乐

我生三子又抱三孙。在中篇里讲过，我的三个孩子基本还算省心、懂事，而且都是奋发向上的。我率领的俩儿一女这三支小分队基本还是队伍整齐、和谐统一的。用我那两句“父慈子孝春常在，其乐融融喜洋洋”和“家和睦国和谐家国兴盛，春满院福满园春福双至”的话来形容现在的家庭气氛也比较贴切。子女们的三个小家庭也都各自相处得亲亲热热，有事好说好议。十几年来他们陆续成家，兄妹、妯娌、姑嫂之间从来没有闹过意见，没有红过一次脸，邻里们总是夸奖他们，这也增添了我心里更大的快乐。

云升全家2008年在海南三亚过春节时与儿孙们一起合影

我对绕膝之喜、天伦之乐的感受可能和一般人不同，我觉得儿女子孙们能“上进”就是对我的“孝敬”，他们每个家庭和睦欢乐就是我的欢乐，他们的工作成绩就是给我的最好礼单。我对儿女们的要求很严，从小到大对他们不溺爱、不娇惯。现在三个孩子虽然都已过“而立”，有的已经到了“不惑”之年了，而且个个事业有成。但是平时我对孩子们要求还是很严的。只要发现他们有不对的地方就会板着面孔严加指责，这一点，不管儿子媳妇都一样。有一次，我对已过不惑之年的大儿子大发雷霆，一位好友劝我说：“云升，儿女们可千万不能惹啊！人老了，特别是在病床上的时候，你的命运完全掌控在儿女的手里，他们让你舒服你就能舒服，他们让你受罪你就得受罪，他们让你活多久你就活多久……”我听后大笑不止，儿子也笑着对我的朋友们说：“叔叔放心，我们不是那类人。”我对这位老兄的话不敢苟同，我是觉得“老吾老以及人之老，幼吾幼以及人之幼”。至于我老了会是怎样的一种情景呢？暂且不去想它！

我的三个孩子的故事他们不让写，那就让他（她）们将来自己去书写吧。下面写写我的“隔代亲”——我的三个小孙子吧！因为他（她）们是我生命的再延续，因为我崇尚达尔文在《进化论》里的一句话：“人活着要完成一种承上启下的责任——物种的壮大与发展。”

她（他）们的表现、她（他）们的积极好学确实让我打心眼儿里高兴。

我的三个孙子的名字都是我给起的。大儿子给我生的大孙女叫赵一彤，二儿子给我生的二孙女叫赵一琨，女儿给我生的外孙孙叫赵一屾。“彤”和“琨”的字义只要有汉语文化的人一看就知道是“彩霞”和“碧玉”的意思，合起来就是“彩霞照碧玉”。她们姐俩的生日只差 169 天，这姐俩从小形影不离，亲如一人。小外孙赵一屾的“屾”是一个仅用来做名字的字，没有实在意义。比如清代有个学者叫杨屾。这样，“赵一”的名字其意就更深更大了。我给他起这个名字的另一个意思是因为他的属相是“猴”，“山中无老虎，猴子称大王。”一只猴能有两座山供其生息，那将是多么美好的人生呀！

我在一百二十八字祭祖词里写过“为官为民、代代书香”的话，意思是子孙后代不管你依靠什么生存都必须要有知识（养身和谋生的知识）。

我的大孙女赵一彤正在呼和浩特市三中（实验中学）读初一，在班里，老师又让她当班长又让她当学习委员，但她很有个性，这些“官”儿都不当。她只是“两耳不闻窗外事，埋头只读‘谋生’书”。在呼和浩特市民间有一种说法，初中能进三中，高中能进二中，大学进清华、北大就有希望了。我期盼着我的大孙孙能成为北大、清华的学子。

二孙孙赵一琨现在北京北大附中读中学，学习成绩非常好。我的小孙孙赵一屾跟着他妈妈现在澳大利亚读小学。三个孙子生活在不同的地方、不同的国度。虽然我想念她（他）们，但这丝毫没有影响我对“天伦之乐”的独享独乐。

故事64：以“琴棋书画”为乐

我把“琴棋书画”之乐写出来，目的不是要显摆自己的“雅集”，而是为了践行自己确立的“以健康为中心”的大目标。我住宅的二楼有一个六十平米的大客厅，我给它起名叫六十平米“集雅厅”。一有闲暇我就去练一练书法，弹一弹钢琴，拉一拉二胡，吹一吹口琴，打一打乒乓球，或者在跑步机上活动活动。然后不经意地用目光临摹观赏一遍名人字画，顿觉心旷神怡，神情淡定。现在我把“集雅厅”里的情况“扫描”一遍，供诸君品赏。

我的“集雅厅”东西两面墙壁上和走廊的隔墙上全都挂着字画。给我赐“墨宝”的这些人还都有些名气，现在我一一记下他们的大名和他们的大作。

云升六十平米的“集雅厅”

有国家经济日报社原社长、现在的北京中国书画研究会会长武春河给我赐的三幅“墨宝”。一幅是用行草书写的“友如作画须求淡，文似看山不喜平”。

另一幅是用隶书写的“修德积善，福运长随”，还有一幅是用象形字写的“明月松间照，清泉石上流”。

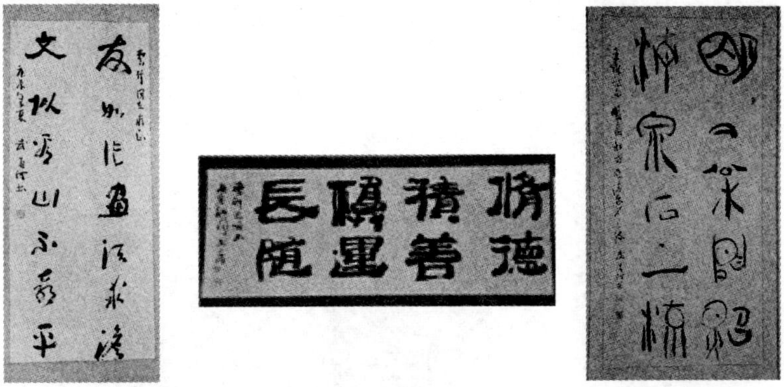

武春河墨宝

有在国内书画界正崭露头角、避开“因官而名”后被誉为国内实力派书画家的内蒙古自治区政府原副主席连辑写的两幅苍劲有力的字画。一幅是挂在楼梯过道墙壁上的“集雅”二字，是给“集雅厅”启名用的，另一幅写的是“风雅颂”三字，特别耐人观赏。

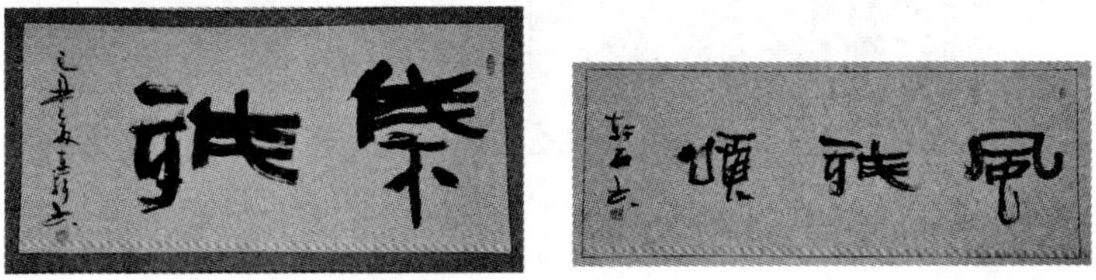

连辑墨宝

有贾才老先生下功夫写的两幅狂草。其中一幅是狂草长卷“中华二十世纪坛赋”，共有三百多字。另一幅是“落笔惊风雨，诗成泣鬼神，云升先生斧正”十六个狂草大字。

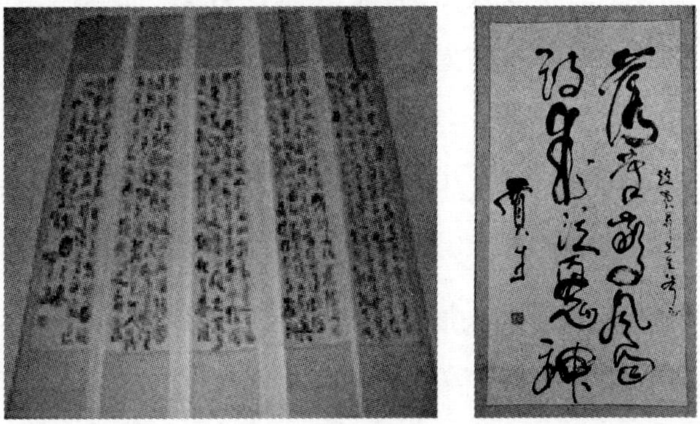

贾才墨宝

还有原乌海市委书记夏日为我写的“低调处事，不善张扬，潜心奋进，后来居上”和“风清气正”两幅书法。

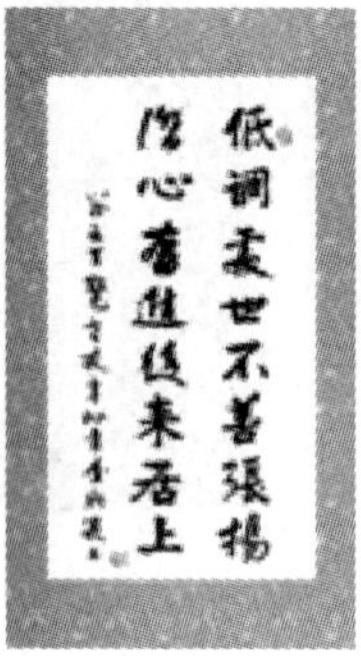
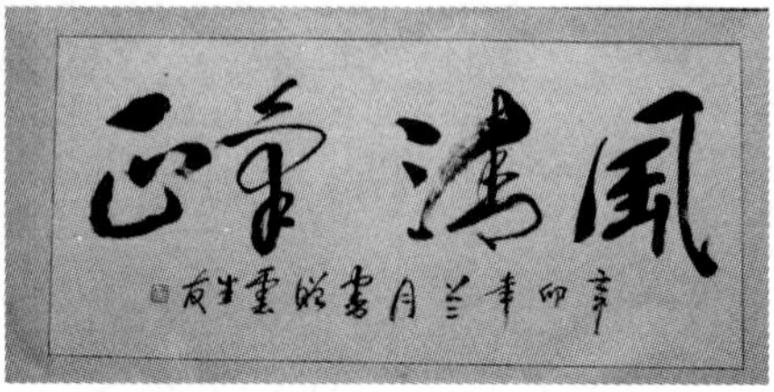

夏日墨宝

还有康庄为我楷写的“宁静致远，云升先生正”书卷和胡忠先生给我画的蓄势待发的“老鹰画”，上书“云升先生雅正”。

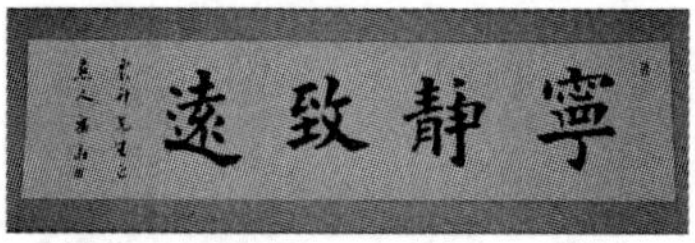

康庄墨宝

胡忠墨宝

还有杜建和用隶书写的“俯仰无愧天地，褒贬自有春秋”12 个大字。

杜建和墨宝

当然，大厅内还挂有我写的全文三百多字的小草笨作“岳阳楼记”和“纸上得来终觉浅，绝知此事要躬行”以及“风景这边独好”、“欲除烦恼虚无我，历尽艰难好作人”的两幅篆字条幅。

其实，我在琴棋书画方面的先天禀赋和后天功夫就像我的人生一样实在是平而又平，爱好这些东西也实在是为了“健康”二字。我的书法虽然也在不断写练，而且有时能写到走火入魔、欲罢不能的地步，但多年下来，还是自觉字迹平平，无大长进，有时想起来还觉得汗颜。但又一想，其实还是自己的目的不同，功夫不到。咱是为了开心，为了健康，又不是为了成名成家。书法的“会、好、精、绝”四阶段的每一个阶梯都不好攀登呀！

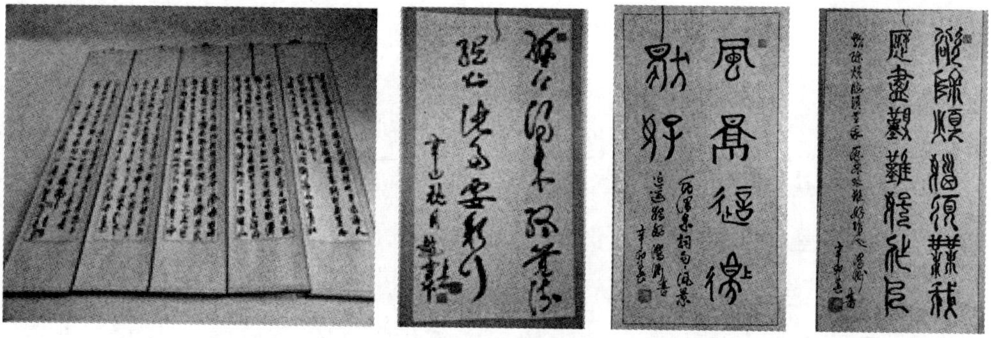

云升拙作

以上的自娱自乐算一乐应该不成问题吧！说不定还能达到另外一个效果，就是诸葛亮在《诫子书》里说的：“夫君子之行，静以修身，俭以养德，非淡泊无以明志，非宁静无以致远。”

故事65：以“知足常乐”为乐

三国时代的曹孟德说过一句话：“既得陇又望蜀，人苦不知足也！”但我现在真的是知足。我认为“仁者寿，乐者寿，知足者寿”！高官厚禄、酒色财气都是过眼烟云、身外之物，“生没带来，死不带去”，“舍”与“得”其实都是一回事。所以，我的四句处事箴言的最后一句叫“万境皆空”正是这个意思。

我给我的孩子们经常讲一句话：“温饱皆如我，天下无寒人。”其实人就是沧海里的一滴水、地球上的一撮土。用数学知识解释就是坐标系里的一个点。横着比，纵着比，只要你有一个良好的心态，怎么比就怎么乐。和条件差的人比，我不觉得自己高，自己乐矣；和条件好的人比，我不卑不亢，不觉得自己低，也是自己乐矣！咱们就以世人爱追捧的“升官发财”四个字来说，这实际是世俗人生追求的两个目标。其实，“官”做多大为大？“财”有多少为够？我想告诉朋友们我在这个问题上的真实心态，我不和做大官的人比官大小，也不和挣大钱的人比钱有多少，要比我就和他们比两条：一比能否有一个良好的心态和有一个健康的身体；二比能否有一个锲而不舍的奋斗精神和永不满足的求知欲望。

对待以上的两个问题，我一直以“宠辱无惊”四个字安抚自己。每当看到身边有人“官运亨通，平步青云”之时，我就来个庸人自慰之说：“有能力、有才华、有骨气的人不一定非要去当官、当大官，只要能做事或能做成几件大事就行。人生一世能做点实实在在的事多好呀！”于是又搬出历史与现实中的一大帮伟人、名人为自己当不上大官来“找”托词：譬如一代圣贤孔子，虽官止“祭祀”，但一生手不释卷，不仅周游列国尽其所能传播儒家精髓，更著书立说为后世传承经典文化，“富与贵，人之所欲也；不以其道，得之不处也。贫与贱，人之所恶也；不以其道，得之不去也。富而可求也，虽执鞭之士，吾亦为之。如不可求，从吾所好”，其博大精深的思想和浩瀚如海的胸怀为后人敬仰至今。

又如唐朝诗仙李白，平生不以功名为求，整日饮酒作赋，放浪于形骸之外。“斗酒诗百篇”，敢以一介布衣之身蔑视当朝的庸官、贪官和宦官，曾怒斥“一人之下万人之上”的高力士为其脱靴捶背，推进了盛唐文化中的英雄主义精神。“安能摧眉折腰事权贵，使我不得开心颜！”其视权贵如草芥，视金钱如粪土的铮铮傲骨如同馥郁的浓酒，在历史的长卷中弥久愈香。

亦或东晋“千古隐逸之宗”陶渊明，他不与世俗同流合污，辞官归里，固守寒庐，躬耕自资，寄意田园。既有“猛志逸四海”的高尚气节，不为五斗米折腰，又饱含“性本爱丘山”的心境，构想出“世外桃源”的雅境供后人遐想。“采菊东篱下，悠然见南山”，这一派日与山乡为伴的平淡自得，又有多少沉醉于纸碎金迷般繁华中的人能够真正悟得！

还有当代著名作家王蒙，虽位及众人向往的“文化部部长”，却仅任职一年便主动卸任辞职，视名位于浮云。他倡导作家学者化、学者作家化，不仅首开新时期国内意识流小说创作先河，更是用尽毕生心血投身文坛，笔耕不辍，荣获诺贝尔文学奖提名，著作如海，书香沁馨。

一个人来到这个世界上，来去匆匆，皆是过客。给世人留下什么东西才证明你没有白来这个世界一趟呢？“官”能流传下去吗？财富能流传下去吗？这些都不能。只有精神和文化的东西才能流芳百世。如孔子的圣言、李白的诗赋、陶潜的气质、王蒙的书作。

写以上这些东西干啥？主要是想表述自己的知足心态，这就叫作“不官而乐”吧。虽然这也算作吃不上葡萄说葡萄酸，但是我内心就平衡了，心情也好了。在我眼里，鲁迅先生笔下阿Q的“精神胜利法”还是有它的积极意义的。

此外，我还以“助人为乐”而乐、“自寻其乐”而乐！多少年来，凡是国人有灾有难，我都要给予适当的赞助。尽管数额不大，但资助后总觉得心里很舒坦。我有这样一个习惯（不妨朋友们可以试着做一做）。当我驾车在十字路口等红灯的时候，当我在餐馆里就餐享受的时候，凡是遇到向我伸手求助的妇女儿童、老弱病残（以乞讨为业年轻力壮者除外），我会向他们每人给发放一元人民币，不多不少，童叟无欺，一样的待遇。我计算了一下，一年用不了多少钱。但每当我看到那些弱势同胞拿到我的一元钱时、眼神里射出光亮和脸上露出瞬间的微笑时，我自己的心里也为之一乐。

写《我的故事》，光讲故事不行，下面写些人生感悟吧，我想这才是历史和后生们需要的。

故事66：我的“六字”修身感悟

《我的故事》主要是给后生们看的。那么作为“过来人”的故事，应该给后生们说些什么心里话呢？我总结了“六字修身感悟”。我觉得不论任何人只要能与这“六个字”为友并与之相伴一生，我敢肯定：不论你身价高低，处境如何，或人生一路荆棘，充满艰难险阻，你都会成为一个坚强的成功者，而不会被历史所淘汰。

我感悟出的这“六个字”是向前贤们学的，也是我前半生不敢偏离，不敢须臾或缺的六个字，即“健”、“勤”、“学”、“志”、“行”、“义”也！

一曰“健”。

一个人首先要有一个健康的身体，“皮之不存毛将焉附”？只有你身体好了，才能生活好、学习好、工作好、家庭好……人生所有的好都是在你的身体好了之后。现在人们说的“健康是1，剩余都是0”就是这个道理。唐代司空图《二十四诗品》中说“返虚入浑，积健为雄”的话，我想这里面的“积健”，不仅是有积蓄力量才能强大的意思，它引伸的含义里还有“一个人要想强大就必须要有一个健康的体魄”的这样一个深刻寓意。

因此我们必须从小养成健康习惯，形成健康意识。我在《我的故事》中篇开头提到的“真正的知识分子应具备两种知识，一种是谋生知识，另一种是养身知识”的话，在这里重提很有必要，任何人都是这样。德国著名的思想家培根曾经说过：“健康的身体是灵魂的休息室，有病的身体则是灵魂的禁闭室。”历史上的伟人贤达在这方面都有过很精辟的论述，我在这里只是提出，恕不赘叙。

二曰“勤”。

人的一生一定要勤奋。“天道酬勤，人道酬诚。”“一生之计在于勤”。就这个“勤”字贤人们多有论述，唐代大诗人韩愈不是就说过“业精于勤而荒于嬉，行成于思而毁于随”吗？但世人们做起来就状态百出了。勤者有“酬”，勤者顺应天道。比如学生要勤学，只有勤学苦练才能具有真才实学；农民要勤劳，只有勤劳才能有丰硕的收成；工人要勤工，只有勤工付出才能有丰厚的回报；做官要勤政，只有勤政才能政绩显赫，受人民拥戴。因此一个人活在世上必须要以勤为本，你才能成功。实际“勤”和“懒”是一个习惯问题。养成一个“勤”的习惯，勤动脑、勤思维、辛勤工作辛勤劳作对人的一生来说是很有益处的。其实“勤”并不痛苦，而是一种享受；“懒”，并不幸福，一个人每天无所事事，百无聊赖，那才痛苦呢！最终必将以痛苦而告终。就连农民都知道：“人勤肚饱，人懒饿倒”的道理。勤奋即人生，勤奋即成功，勤奋即幸福。

我主张勤劳，但不主张经常过度劳累。

三曰“学”。

“勤”和“学”连在一起是一个词组，但我说的是两个概念。“勤”和“学”都是做人之本。关于好学的言论，伟人名人多有论述，比如汉乐府《长歌行》里就有一句大家都熟悉名言：“百川东到海，何时复西归？少壮不努力，老大徒伤悲。”依我六十年的经验认为，不能说“凡是好学者都是成功者”，但“凡是成功者一定都是好学者”。

一个人刚出生啥也不懂，直至以后当了伟人，做了院士，包括一个很普通的工程师都是学出来的。开卷有益，不断学习，向书本学，向实践学，“见贤思齐，见优则学”，就像海绵和沙地吸水一样，不断吮吸别人的知识而后融会贯通让它成为自己的。这种吮吸不算剥削，也不算偷窃。这样学下去，你肯定会成为一个满腹经纶、学富五车的成功者。我说过一句“嗜书如命，把读书当做饮甘露吞琼浆”的话，一个人如果从小能养成喜好读书的习惯，那你就会成为一个用知识武装起来的人，就会成为一个不可战胜的人。我想再给大家说一句发自内心的忠告：人类最好的朋友、最高的师长就是“书本”，一个人一生最好的行为习惯就是学习！

四曰“志”。

“立志”对一个人来说很重要。“有志者事竟成”、“有志不在年高、无志空活百岁”，贤人们讲了这么多精辟的名言，但至今还有许多后生们没有“立志”。不立志就等于人生没有目标。鸿鹄之志、燕雀之志、伟人们立国安邦之志、农夫的春种秋收之志……所有的活在世上的人都要立志。立大志者成大事，立小志者成小事，无志者的一生将一事无成。

五曰“行”。

“纸上得来终觉浅，绝知此事要躬行”。一个有志者，在他拥有了相当的知识之后，最重要的是实践，重在笃行。实践能出成果，空谈贻误人生。古往今来空想、空谈者大都成不了大事。“空谈一百个主义，不如一个具体的行动”，因此，行动和实践对人生是很重要的一步。“千里之行，始于足下”就是这个道理。

六曰“义”。

一个人活在世上一定要有主义或叫主意，无论大人物还是一般庶民百姓，都得有个“义”字，因为一个人的追求和信仰非常重要，人活着没有信仰就没有意义，就没有动力。就像我们共产党人如果没有共产主义的远大理想，就不会有那么多的先烈为革命成功抛头颅、洒热血，就不会有那么多英模鞠躬尽瘁，忘我奉献。普通老百姓也是一样，干事必须要有“主意”，盲目行动，将一事无成。我在农村的时候听过一句农民说的话，“男人没‘主义’受一辈子穷，女人没‘主意’嫁一辈子人”。这句话乍听俗一些，但细品起来很有道理。如果再往下延伸，“义”和“信”是连在一起的。“信义”对一个人非常重要。我上面讲过“天道酬勤，业道酬精，人道酬诚”的话。鲁迅先生有一句名言：“一个英雄人物最伟大的素质就是一个‘诚’字”，诚信对一个人来说是非常重要的修养。“人而无信，不知其可”。有些人用奸诈、欺骗、谎言、巧舌如簧、哗众取宠来谋取官位，玩弄权术，欺世盗名，或作为一种谋权做官过日子的不光彩手段。这些奸诈之术虽然能得一时之逞，但其最终命运不会逃脱鲁迅先生所言：“捣鬼有术也有效，但不长久”的下场。人活一世，天长地久，“信义”对一个人非常重要，尤其是成功者。“信义”对整个社会也很重要，特别是在当代经济社会条件下，面对物欲横流的社会状况，与公与私打交道，一定要“信义”为先，一定要以“信义”安身立命。

“健”、“勤”、“学”、“志”、“行”、“义”这六个字是我六十年来做人做事遵循的规则和定律，所以我干脆把它叫做我的“六字修身感悟”，并在我前半生的努力实践中受益匪浅。希望我的子孙后代以及所有读《我的故事》的后生们铭记并笃行。朋友们，让我们一起共勉！

写到这里，《我的故事》要做阶段性的结束了。

写到这里，我的“苦、累、乐”三段人生经历已经言尽意达。我三十三岁以前的苦、三十三岁以后的“累”、六十岁以后的“乐”，并以此成书形成的《我的故事》能给人们奉殉些有价值的东西吗？

写到这里，我遵循的四句处世箴言以及我的“六字”修身感悟，连同我做人、做事、做“官”的“道”与“术”一起奉献给大家，欢迎能跟我思想产生共鸣的朋友们品读。

写到这里，我想作个自我评价。一代伟人毛泽东曾经谦恭地说他自己一生只做过两件事情，那是伟人做的两件“治国、平天下”的大事；而云升一介书生，60 年来也只做过两件“修身、齐家”的小事：一是把我的三支儿女小分队从巴盟王五圪旦村的盐碱滩带了出来，让他们到了小城市、大城市乃至大洋彼岸－－澳大利业，使我的后裔们能有了更大的平台施展自己的才华；二是用了不少心、泼了不少墨、爬了不少格子、写了不少“小样”文章，或许对历史、对社会、对世人有些许益处。

写到这里，我想把《我的故事》作为我六十年来的人生答卷交给世人和历史评卷打分：赵云升的人生“三部曲”，是阳春白雪和者盖寡？还是下里巴人随俗和群？诸君觉得我的“三做谈”能得分几何？

写到这里，朋友们是否觉得《我的故事》还言犹未尽，意犹未尽，情犹未尽，“事”犹未尽？故事是否还有许多缺憾或不够精彩？那就请诸君耐心等待，继续看下面真正精彩的故事吧！

2012 年 4 月，经济日报出版社给内蒙古自治区党委宣传部致函，要在内蒙古自治区建立一个浩大的文化工程——成立“中国企业家文库”内蒙古编辑部和“中国西部城市经济观察丛书”内蒙古编辑部，函称要聘任我当“头儿”（见附录4）。我欣然应诺并默然心许：决意以更加饱满的热情、以更加精彩之笔携同国内文坛的真正“大手笔”，为内蒙古的100位企业界精英书写“传记文学”；为内蒙古的115个盟、市、旗、县“著书立说”，描绘精彩的“城市名片”。

写到这里，我要放歌。放什么歌呢？曹孟德的“对酒当歌，人生几何？譬如朝露，去日苦多。”显得消沉、惆怅，使人不乐。

这时，我想起了三国周郎的人生处事歌：“为人处事兮立功名，立功名兮慰平生，慰平生兮酒将醉，酒将醉兮发狂音。”

写到这里，《我的故事》就用“俯仰无愧天地，褒贬自有春秋”暂且作结吧！

“故事”余墨

用了整整三个月时间，把我的“回忆录”粗线条、大框架地搭挂起来了，起了个书名叫《我的故事》。之后又印发了十六份征求意见稿呈达十六位高朋贵友。又经过半年多时间的反复修改，认真推敲，归类整合，雏形出了九十九个小故事。后来，我突然想起鲁迅先生在作文要义里说的话：“宁可把小说压成缩写，绝不能把缩写拧拉成散文”，于是我又把“它”压缩成了这六十六个小故事。这一年，我刚好六十六虚岁，以后的“故事”争取写到头，因为九十九是个非常好的数字。

下面我对“故事”再泼点余墨，算是对《我的故事》作些注释。

一、再做一次郑重申明：这是一个再普通不过的普通人写的一个再普通不过的普通故事。但它是我成长、成人、成事但不一定完全成功的真实故事。“故事”类似于当代颇为流行的“非虚构文学”那一类。写《我的故事》主要是给有志的后生们看的，但也不拒绝那些喜欢读《我的故事》的所有朋友们。

二、再做一点说明：我写我六十岁以后的“乐”、写我的农民式的住宅、写我的滋润绝对不是显摆，更不是“夸富”。我只是由于受到春风的吹拂，愉悦之情不免流于笔端。我在文中写到的那处农村小院儿和那些乱七八糟的摆设都已经是现代生活中很普遍的东西了，比如所谓河北曲阳的汉白玉，行家一看就知道，那全是些并不昂贵的草白玉。

三、写《我的故事》时，麻烦到很多人，得到很多人的帮助，给我题写书名、写序、写人评书评、饱蘸笔墨为我挥毫的人，都是我人生各个驿站在生活、学习、工作上帮助过我的人，更是我做人、做事、做“官”方方面面的真实见证人。有诲人不倦的恩师，有共事几十年的领导，有志同道合的同事，有同窗苦读的学弟……他们都是我的良师诤友，他们用真心、用真情、用真话为《我的故事》增添了光彩。因为有了他们的这些精彩文章，也使《我的故事》有了更好的佐证；因为有了“大家捧柴”，才使《我的故事》“火焰更高”，我自己也有了激情四射的感觉，写出的东西也就会吸引更多人的眼球，并拥有更多的读者。在这些人里有四位省部级领导、四位厅局级领导、两位正县级领导、一位副研究员、一位副教授、一位国家二级作家、三位“人类灵魂的工程师”。请他们赐墨，绝对不是为了追逐“冠盖如云”的虚荣，而是因为这些人确实是我心目中的能者、智者、高者，也就是我在《我的故事》上篇里说到的“高者高誉”的那类高者。他们不会说假话，也没有必要为我这样一个普通人做违心之论。这时，我倒反而觉得，写回忆录，众人帮助你写要比你自己一个人写更全面、更客观、更具有可信度。在此，云升由衷地感激他们。

四、我写这些东西起初是准备专给我的子孙后代们看的，但征求意见稿发出去后，朋友们认为还可以作为“励志”类书让更多的人们受益。在这里我要特别感激经济日报出版社的领导和朋友以及为《我的故事》精心雕琢、把关斧正、重情不惜墨的众多高朋贵友。

五、《我的故事》是写实的，因此，我力求把在我身上发生过的，对后人有教益、有启迪的、或对后人能引以为鉴的人和事尽量都写出来，以表现一个完全的，但不一定完美的赵云升。故事里提到的人和事都是真实的，“故事”里的当事人读后如果觉得文中大意或字里行间尚有不舒服的地方，敬请诸君释怀，云升没有抱怨之意，只是真实记录。我主张“君子记恩不记怨更不结仇”，毕竟我们都是原始的“相识”，特别是诸如“玛姆”大姐、“大头”兄弟、“亲姑舅”以及像武春河老兄在“代序”里说的“那些品质欠佳者”千万别再介怀。我把我的亲大姐——因为她没有到父母的灵前送终，还有许多鲜为人知的家事我都能“抖搭”出来，何况与诸君们的那点事呢？因为云升是在写真实的过去，故而只能如实写来。

时代的和谐之风吹得我们个个胸襟宽广，人人都在尽情享受美好的春光，我们哪有时间、哪有心思再计较那些已经翻过去的灰色页面，怎么会把昔日那些“阿猫阿狗”们做的那些龌龊的事情当回事儿呢？

六、《我的故事》的中心思想是：没有“春天的故事”就没有“我的故事”；没有党的改革开放，没有党的十一届三中全会以来的“春天”，云升很可能还在王五圪旦村的乡间小路上赶着小驴车整天为“生产队”拉土送肥，就不会有现在的云升驾驭着“六套马车”悠然自乐地尽兴驰骋，信步于庙堂江湖之间了。

云升已年过华甲，此时的心情该如何表露呢？思来想去，唯有明代的文学大家杨慎的《临江仙》能抒发真情，袒露心迹，现原文记下以明志：

滚滚长江东逝水，浪花淘尽英雄。是非成败转头空，青山依旧在，几度夕阳红。白发渔樵江渚上，惯看秋月春风。一壶浊酒喜相逢，古今多少事，都付笑谈中。

赵云升

人评书评

“人评书评”之一：
耄耋老人话云升——“永葆青春，继续前进”

云升同志和我相识差不多有二十年了，我被他聘请当“内蒙古财富工程”的高级顾问也有六年时间了。

2005 年，国家经济日报社、国务院发展研究中心、中国企业家全国理事会和内蒙古党委、政府共同创建了“内蒙古财富工程”。赵云升同志是北京方面派来的负责人。在他落实中央各部门及自治区的各项政策中，在他与我们的长期交往中，我发现云升同志不仅是一个“激情工作，快乐生活”的人，而且是一个能关心老同志，注重培养青年人的热心人。我俩在几十年的交往中结下了亲兄弟般的友谊。

最近，我看了他写的回忆录——《我的故事》，让我赞赏。一个还没有办正式退休手续的“年轻人”就写出了近二十万字的回忆录，这种情况我见得不多。更让我惊讶的是云升的经历原来这么坎坷，但他能一路拼搏，披荆斩棘，终于“沧海桑梓甘泉来”。他的成长发展过程，实际是时代的一个缩影，《我的故事》中的精彩人生完全是一种伟大时代的折射。可以说，没有改革开放后祖国的春意盎然，就没有云升迟到的春天；是党的改革开放政策，是祖国的和谐春风让云升脱颖而出。

看了《我的故事》以后，我觉得《我的故事》不仅是云升同志的一部奋斗史，更是一本对当代年轻人很有教益的励志书。希望我们的后辈能从小艰苦励志、顽强拼搏。预祝云升永葆青春，继续前进。

我用我过去和云升说过的一句玩笑话结束我对他的“人评书评”。我在 1975 年时，曾在巴彦淖尔盟担任过盟委副书记兼组织部长，如果那时我认识赵云升，我会让他干点事的。因为通过以后和他的接触，觉得他是个能做事情的人，只要组织给他委以重任，他是一定会干好的。

（伊钧华，系内蒙古政府原副主席、内蒙古人大原副主任、内蒙古财富工程高级顾问。是一位年近八旬、和云升相识近二十年的老领导、老朋友。）

“人评书评”之二：云卷云舒读人生

读了云升的《我的故事》，给我带来了巨大的思想震撼，心灵冲击。他以六十六个内容丰富，精彩、深刻、生动、真实的故事向世人揭示了历经沧桑，拼搏奋进的成长过程和夕阳辉煌，“沧海桑梓甘泉来”的快乐生活。

云升聪颖好学，小学毕业以优异的成绩考进了全区重点中学（现杭锦后旗奋斗中学）。三年寒窗苦读使他成为一名品学兼优的学生。但家庭经济拮据，家庭出身成分不好等原因，令其没能一路升高中，念大学，这是命运对他的不公，也是他一生的遗憾。

云升童年放牛，捡牛粪，饱尝了贫困、饥饿、辍学之苦，幼小而稚嫩的心田里装满了委屈和压抑。

回乡当农民的十四年是云升备尝苦难的岁月，他不仅有日出而作，日落而不息，“锄禾日当午，汗滴禾下土”的劳作之苦，还要承受捉襟见肘的巨大生活压力和时代赋予他的种种考验和磨难。但艰苦的生存环境培育了云升吃苦耐劳、勤俭持家、不向困难低头、在逆境中生存成长的意志和品质。

云升一生痴迷读书，书本与他结下了不解之缘。“书山有路勤为径，学海无涯苦作舟”，寒窗苦读，自学成才，书本给了他知识勇气，智慧和意志，通过攀登“知识的阶梯”，改变了人生的命运。各种选拔考试让他实现了从农民到代课教师、国家教师、记者、干部等角色的转换。

云升的记者生涯是他人生精彩的华章。他十分热爱和珍惜这份“苦差事”，激情满怀，辛勤耕耘，妙笔生花显才干，近百万个方块字是他心血和汗水的结晶。多次被评为旗、盟先进工作者，并获得旗、盟、自治区乃至全国新闻奖项。《他为人民燃烧》的文章在人民大会堂接受了国家领导人颁发的最高奖项。

云升在人生的旅途中不断地挑战自我，敢想敢干，勇于探索，善于攀登。用三年时间建起一座精苯厂，凸显出他为事业艰苦卓绝的奋斗精神，从而使他实现了人生价值的又一次辉煌。

云升几易其职，不仅仅是为生活质量的改善，更是为了追求精神的、灵魂的更高境界。我十分佩服云升的胆识、自信、坚强和勇气。他面对权势的挤压，刚直不阿，铁骨铮铮。他不为讨得所谓的锦绣前程而隐藏自己的个性和理想。在“知天命”之年，敢于放弃精苯厂常务董事长和国家公务员的职位，是他冲决世俗束缚，向往逍遥自由豪放的情性，不为物累，复归本我的情怀所致。云升选择静谧似世外桃源富有诗意的居住环境，尽享极致舒适。回归自然，怡然自得的意境和积极健康的生活状态是一种新的生存理性的自觉。正如云升自悟：“悟通真谛方知我，删尽浮华始见神。”

很多人有向前冲的胆识，却缺乏后退的勇气。人生并不是一路狂奔，能走多远，更取决于方向和意志的共同作用。有时调整一下自己的方向或暂时后退一步，会让自己走得更好。后退也是一种前进，其实更需要勇气。

云升的睿智和成熟在于他不论顺境或逆境，都能把握好自我角色的定位。他知道自己有多大才干，有多少人生资源，知道自己通过努力能获得怎样的发展，从而用心设计自我的发展方向和目标，不断地为自己创造发挥长处和优势的机会。

重操旧业靠笔杆子谋生是云升明智的选择。他过硬的文字功夫，业内有“赵大手笔”之誉，记者生涯曾经的荣耀和辉煌，在新闻媒体领域有高官诤友，良好的人际关系和超人的沟通能力是他的“天然财富”。他抓住中国企业家杂志社在内蒙古设办事处的机遇，带着中国企业家驻内蒙办事处兼记者站两块牌子，从北京回到呼和浩特。之后云升又创建了“内蒙古财富工程发展中心”，“内蒙古财富工程办公室”和“内蒙古企业家健康益寿俱乐部”。作为三块牌子的设计者，创造者，践行者，收获者，忙碌着，奔波着。云升驾驭着六套马车，“天马行空”，“海阔鱼跃”，践行着“生命不息，奋斗不止”。整日以做事为乐，以心情充实为乐，以生命的淡定平和为乐，在付出中享受快乐和满足。其实，成功并不仅仅限于梦想，即使未实现梦想，但能从中获得一种快乐的心情，这也同样是一种收获，因为快乐本身就是成功。

云升一路走来，几多风雨，几多坎坷。在重重困境中始终没有丢失梦想，遗失斗志，而是乐观地看待，顽强地承受，不懈地坚持。汗水和智慧使他赢得了成功。

云升心胸坦荡，善良率真，重情义，有爱心。他同情弱者，以助人为乐而乐。他尊师爱友，厚德天下客。他滴水之恩，必涌泉相报，对自己人生各个“驿站”有情于他、有助于他、有恩于他的人，以各种方式真情回报，正是他的人格魅力和美丽而高尚的心灵。

云升孝敬父母。他说：“如果要把博大精深，源远流长的中华民族的传统文化浓缩成一个字，我觉得‘孝’字最为合适。百善孝为先嘛!”他常为“没有让父母将自己的荣华分享”遗憾着，为“子欲养而亲不在”的心头隐痛折磨着。他将父母遗骨迁灵于呼市安置，还建了“祭祖祠堂”，四时祭祀，寄托哀思，勿忘祖宗，传承精神。云升自勉：上不负列祖列宗，下不愧儿女子孙。

云升的妻子潘惠琴，出身寒门，淳朴善良，尊老护幼，夫唱妇随。培育幼苗，含辛茹苦。勤俭持家，任劳任怨。艰辛历尽，无怨无悔。是一位传统的、典型的贤妻良母。云升的成功有她的一半功劳。

园艺师们哪个不渴望收获。师生情、桃李谊与父母恩、子女情一样是人类可贵的感情，学生给予老师的尊敬就是教师的最大欣慰。学生的成才与成功就是教师的最大喜事。作为云升的老师，我由衷地为他祝福。并以拙文贺《我的故事》付梓出版，抒人生感悟，圆师生之情。

（莎仁，系内蒙古教育厅审计监查处原处长，云升四十六年前在奋斗中学读书时的一位诲人不倦的恩师）

“人评书评”之三：他是一个“三不误”的学生

——读《我的故事》有感

前不久，我们非常高兴地拜读了赵云升同学的回忆录——《我的故事》，感慨万分。由于我们是搞数学的，文笔肤浅，不善写作，所以在此难免“鲁班门前弄大斧”。

1982年，我们在巴盟师范教书时，当过云升的班主任老师和数学老师。云升是班里的班干部，他在校期间为人直爽、办事勤快、学习优异、善于思考。他正直、聪颖、顽强的性格铸就他奋进、坚毅不拔的品质。在我们和学校的商量与默许下，同意他跑校上学。他的精力和体力基本是“二力分发”式的，做到了学习、班集体工作、农活家务三不误。在校期间，他既充实了文化功底，提高了文化素质，又学会了思考、拼搏，为以后的做人与事业上的追求与发展奠定了良好的基础。

文如其人。云升的回忆录哲理清晰，又通俗趣味，地方色彩浓郁。读后，不由得使我们回想起巴盟、杭锦后旗六十至八十年代的人情、事理、风貌，让人倍感亲切。文章层次分明地阐述了“苦”、“累”、“乐”，又精湛地总结出四句处事箴言和六字修身感悟，使子孙通过阅读与思考能更好地认识过去、现在和把握未来。

云升的成功，不在于做了多大的惊天动地事业，关键是做好了自己想要做的事。事业的成功，有时是逼上梁山；事业的拓进，有时是绝路逢生。云升的成功正是逼上梁山绝处逢生的。

云升有过痛苦，但他在痛苦中不是悲观，而是在痛苦中不断奋进与思索，用意志与智慧，披荆斩棘，不断追求美好的前程，进而编织下了人生荣誉的桂冠。

花甲之年，他一不留恋地位，二不迷恋金钱。只是以健康快乐为第一要职。热爱生活，拥抱生活，视宁静为乐趣，潇洒豁达，生活充满情趣，在万事面前都顺其自然，这是何等高尚的人生境界呀！

我俩从教三十五年，教出的学生近万人，像云升这样历经坎坷，并能做到穷达淡定、宠辱不惊，最终获得这样的成功者为数不多。我们为能有这样的学生而自豪，我们祝愿云升的生活永远是春天。

（霍志新，陈玉梅，系云升在巴盟师范读书时的两位恩师（系夫妻)。霍老师给云升当过班主任；陈老师既是云升师范的数学老师，又是云升奋斗中学低两届的同学，是一位比云升年龄还小16天的“师姐”?“学妹”?)

“人评书评”之四：感知云升　感悟人生

一口气读完云升学兄的《我的故事》，感慨良多。他把自己已经走过的人生历程浓缩为“苦”、“累”、“乐”三部曲，演绎出一串串鲜活且耐人寻味的故事。细品味道十足，慢慢咀嚼余味隽永，沁人心脾。

我与云升同校同届不同班，年少时相知相交并不多。他是我读中学时的母校——奋斗中学五十三班的班主席。记忆中印象最深的一次是：我们全校的一千多名学生到附近的东升庙山上野营拉练，他是全年级五个班的领队，他留着黑光铮亮的大背头，雄赳赳、气昂昂高喊：“立正，齐步走……”他高昂的喊操声引来很多同学，特别是女同学的顾盼。

二十年以后，我先于他在乌海市工作。是他在往乌海市调动工作时，因为他的一大摞获奖证书让我瞠目叹观，以引进人才为由，算是尽了点绵薄之力。我们以后又一起在北京工作过几年。因为驻外机构的特殊性，时聚时散，而且聚少离多。俩人时而亲亲热热，时而推推搡搡。当时可能是因为我一叶障目，不识“贤良”，或两豆塞耳，以偏概全，那时，没有发现云升有多大的“潜在能量”。

以后，他提前九年从乌海市政府办公厅退休，在外另立门户。驰骋于北京至呼市、中央和内蒙古之间。那时，只是听说他发展很好，名车豪宅，非常设机构的正厅级待遇……

四十六年以后，不知是缘分还是“冤家”，我们又在呼市同城相遇了。此时的云升兄春风得意，满面风光。看到他的事业和生存的两条红线如此粗壮且诱人，让我又一次瞠目叹观。特别是读完他的回忆录——《我的故事》，钩沉往事，才算是对他有了全面感知。抑或似曾相识，抑或相知恨晚。

1965年，我们初中毕业，他回乡，我下乡。他是地主儿子，我背负家庭历史有问题的沉重十字架。我俩都当过民办教师，都搞过新闻。尤其在那不堪回首的极“左”年月，我们都成了另类。相似的经历，“同是天涯沦落人”，对人生的感悟亦有异曲同工之处。

几年前，我曾应报社之约，为“青年论坛”写过一组杂文，其中有一篇是和青年谈人生的，题目是《词·境界·人生》。

词作家和评论家们把词和词的创作，归纳为三种境界。这三种境界和云升兄的“三段”人生经历有颇多相似。现在写出来，意在“一石二鸟”。

第一种境界是“昨夜春风凋碧树，独上高楼，望尽天涯路”；第二种境界是“衣带渐宽终不悔，为伊消得人憔悴”；第三种境界是“众里寻他千百度，蓦然回首，那人却在灯火阑珊处”。著名学者王国维在《人间词话》中用上述三句话来论述治学的三种境界。仔细品味，作词是这样，治学是这样，人生又何尝不是这样呢？

云升的“苦”最好地诠释了人生的第一种境界。十七八岁，豆蔻年华，正处成长期，缺吃少穿，冻馁交加。生活凄苦好过，精神之苦难挨。面对漫漫人生路，该作什么样的选择？涉世未深，何去何从，迷迷茫茫，寻寻觅觅，前途、光明在哪里？真有点苦苦追寻“独上高楼，望尽天涯无出路”的感觉。

第二种境界是人到中年。立业成家，三十而立，四十不惑，五十知天命。历数这人生最宝贵的二三十年，有身处逆境，有机缘巧合；或抢抓机遇，或历尽艰辛。有成功的喜悦，有失败的痛苦，有欢乐、有苦涩，人生五味尽收怀中。阅历增长了，感悟深刻了，唯有志向没有变，追求没有变，目标没有变，而且“扎根破岩”、“咬定青山”，不达目的誓不罢休。尽管人到中年“衣带渐宽”，但痴心不改，而且“为伊消得人憔悴”。从云升的“累”中我们领悟到第二种境界的真谛。

第三种境界则是当他最终取得成功站在巅峰的时候，或已年逾花甲，或至古稀耄耋。“众里寻他千百度，蓦然回首，那人却在灯火阑珊处”。这句词的本意应该是在经历了第一种和第二种境界后，不经意间收到了意想不到的效果。人生不是这样吗？大半生过去了，回首往事，不因碌碌无为而懊悔，不因一事无成而羞愧。当云升经历了前述两种境界，犹如长久磨砺的宝剑、历经苦寒的梅花，成熟了、老练了，阅历有了、经验有了，功名利禄看淡了。“蓦然回首”，真有“一览众山小”的感觉，不像是身在“灯火阑珊处”吗？

人生是个沉重而永恒的话题。人生的真谛在哪里，说不明也道不清。占卜家说“人的命天注定，胡思乱想不顶用”。“命，时也、运也”。我们这茬人，“时运不济，命运多舛”，长身体时吃不饱，长知识时上山下乡。是怨天尤人、逆来顺受？还是积极努力、奋起抗争？云升的人生三部曲已给我们作出了最好的注解。

玄学家们讲“运”，国有国运，家有家运，个有个运。十年动乱，国运衰败，殃及家运，谈何个运？“时来运转”，“风水轮流转”，“三十年河东三十年河西”，说的正是运程交替苦尽甘来的辩证。人生是个过程，就是酸甜苦辣咸五味俱全。人生本身就充满变数，有高潮有低谷，个运伴随着国运有起有伏。《易学》中“究天人之际，成群经之源”，讲的就是日月互换、阴阳交替。“变”是客观的、永恒的，“不变”是相对的。身处逆境能想到“否极泰来”，人在低谷要“处涸辄亦犹欢”，站在巅峰要居安思危、急流勇退，这才是把握住了人生的真谛。

在历史大潮面前，人是渺小的。任何人试图和历史潮流抗争，注定是徒劳的。在客观面前，主观能动性是至关重要的，具备了条件再等待机会，机会一向青睐有准备之人。云升韬光养晦，蛰伏待机，就是在夹缝中求生存又有准备的人，他就属于那种“咬定青山”“扎根破岩”、不囿囹圄、寻求自在圆通的人。从他的故事中你可以看出他的信心、决心、恒心和明智、理智、睿智。

“东隅已逝桑榆非晚”，但毕竟“廉颇老矣”。而云升兄没有空发“冯唐易老，李广难封”之感慨，却有如曹孟德的“老骥伏枥，志在千里，烈士暮年，壮心不已”之壮志雄风。仅此便着实令侪辈汗颜。

呜呼，壮哉！云升兄，给你个支点，可以撬动地球。

学兄少运苦，中运累，晚运乐。福乐相随必然寿。

调侃几句，哪敢做评，供老兄一乐。

学弟　建和拙笔于呼和浩特

（杜建和，是云升奋斗中学的同届同学、诤友、曾经的领导。退休前系乌海市副市长，退休后受聘于国家建设部驻河北、山西、内蒙古三省区督察组组长。）

“人评书评”之五：峥嵘岁月稠

近日，云升兄给我寄来他撰写的回忆录清样，嘱我斧正，并以跋文见委。我们同窗好友，他瀚海拾贝，我自然惊喜之至，欣佩不已，赶忙放下手中的冗事，细细阅读起来。心灵深处不禁为他的坎坷潸然下泪，为他的拼搏呐喊叫好，为他的成就默默祝贺，油然而产生了不忍搁放，先睹为快的自豪。

认识云升，从相识到相知，从相知到朋友，从朋友到兄弟，一晃已经四十余载了。虽然他在首府呼和浩特，我在阿拉善的巴彦浩特，但地域上的辽远和差异，并没有把我们的感情拉远，反而天涯咫尺，似远弥近。这中间的情结自然更多的是云升的人格魅力，他的那种永不屈服、永远探求的精神震撼着我的心灵。尤其是他对人生和人心，对官场和商场，对贫穷和财富，对物质和精神的剖析和揭示，让人顿然顿悟，益加佩服，他使沉暗的现象明亮，使简单的东西哲化，在人生的活动和思维的领域里留下可鉴的一笔，给后人提供了多维的思考和启迪。

云升几易其职，但其易不改其衷。无论是在艰苦的农村“挣扎”，还是呕心沥血为人师表；无论是做无冕之王的记者，还是当上了堂堂正正的县级公务员；无论是“下海”经商办企业，还是做社会性公益事业，都能勤于学习和善于总结、坚忍不拔和韬晦不馁，始终是他人生的定律。他奔放的才气和深涵的人气，使与他交往的人心悦诚服，弥增动力和辄生鼓舞。

云升的回忆录《我的故事》，通过自己拼搏的人生和深邃的思维诠释了一个时代的背景，展示了一个人宽容豁达，瞩目辽远的胸怀。回忆录分上篇、中篇和下篇三个部分，由六十六个详实、生动、传奇、幽默和诙谐的故事联串而成。既反映了云升愤恶疾俗、不卑不亢的人生观，又凸现出他注重创业和实业，崇尚天道酬勤和人勤创富的价值观。所以，在人生曲折多舛的征途上，他没有被世袭击倒，没有被偏见摧垮，他没有被贫困吞食，没有在奋斗中止步，没有在灯红酒绿中迷失。凭云升的人品和文品应该不愁生计，但那段不堪回首的历史不选择学养，只重视世袭。现实给他留下的虽然有挥之不去的伤痕，但更多的是人生的感奋和无法用金钱来计算的精神财富，他用汗水和勤劳揭示出人生苦乐皆财富的真理。同时，他以非常的毅力和深沉，展示了逆境时如何生存的韬晦；以无比的修炼和睿智，展示了顺利时如何拓展的谋略；以超然的胸襟和理念，展示了人的晚龄时如何处人待事的方寸。

云升的回忆录写得流畅自然、妙趣横生，而又率真坦诚，不避亲疏，不掩瑕疵。这种做人的大气和正气，既是他人生秉性的蓄积和迸发，又是他学养的励练和展现。倘若没有浩瀚深诲的沉淀，没有峰岭跬步的跋涉，他焉能低谷回响、高屋建瓴，岂可笔底生花，妙语成篇？他一路走来，唯其经历坎坷、集腋成裘，才有如此的视角，如此的敏悟，如此的成就。

综观云升的回忆录《我的故事》，既有人生的无奈和遗憾，又有奋发和进取；既有为文的省己和悟人，又有针砭和劝导。如此行文，可成人生的启迪和警钟，又是珍贵的宝藏和财富。就其内容而言：或写童年，弘扬勤勉；或写青年，励志博学；或写中年，而立创业；或写晚年，天命晓闲；或回首际遇，忠告后人；或感悟人生，道出天时不如地利、地利不如人和……真可谓涉历广泛，内容丰颖。就其风格而言：有叙事、有议论、有借喻、有排比，道理扣人心弦、推理合乎逻辑。他写得都是自己对生活的体验和感受，即使是平常的经历，也能悟出非常的意义；纵然是已逝的往事，也能廓清眼前的阴霾。说理不乏真知灼见，叙事多见引经据典。对当今的世态和传统的观念，都有自己独特的审视和褒贬，都有新的理解和取舍。

走进云升回忆录的世界，最引人注目的当是那些引经据典的格言警句和省己悟人的精辟剖析，全书以事达理，借事寓义，相互衬托，相得益彰，让情理中显出人生的真谛，使道德里凸现出人性的纯美。读罢可以清晰地看出一个时代的原貌，一种追求人生脱变致强的精神含量。更可以感受到这一代人为了改变命运而投身其间摸爬滚打的志气和锐气，可以看到他们有机会乘上生命的这趟末班车而涌现出的激情和活力。回忆录使用的语言疏朗而不失精彩，遣词畅达而不失含蕴，并能糅文白于一体，蓄长短佳句于结构，精心追求优美的产生，全神打造语不惊人誓不休的文风，绝少那种半遮天姿，难窥丽质的现象。

常言道：文如其人，读云升的回忆录，就像与一位可信赖的兄长敞开心扉促膝谈心，就像聆听一位博学的行家诠释人生的道理。有知识性，有趣味性，也不乏洋溢沁人心脾的慰藉和鼓励，为你涤除胸中的质疑，与你一起咀嚼生活的难题，给你竖起辨别前进方向的坐标。

看云升所走的人生轨迹，是一条典型的儒商之路。他中晚创业的成功率颇高，这自然与他人生的学养和睿智不无关系。由此我想，中国的知识分子假如都能走出象牙之阁，审时度势地像云升一样投身于经济大潮中捭阖人生，打造一方，使儒商相容，知识与实际相接，一定会迎来新的创造和发展。

云升的儒商之路很有现实的借鉴价值，这也是他一生成功之所在。人一生能做成一件大事即可足矣，而云升既得熊掌，又兼鱼翅，晚年竟做成了儒家商者，那更应该知足常乐，可喜可贺啊！

祝云升在第二个青春来临之际，百尺竿头，更进一步，总结和创造出更多的人生道理的作品，以飨后人。

（赵闻清，是云升奋斗中学的同窗学友，系内蒙古作家协会会员、阿盟作家协会会员、国家二级作家。）

“人评书评”之六：唯变所适　敬慎不败

——一个农民，他从田间一路走上了北京人民大会堂的红地毯

云升兄邀我为《故事》作点评，只因盛情难却，乃胆大妄言，不知所云。读后受益匪浅、感悟颇多，倒是实实在在。

感悟一：妙道长存，风风雨雨度春秋。

他刚出生不久，就注定他低人一等、矮人一头的社会地位。给他笼罩了一个灰暗阴霾的天，时时压的他喘不过气来；又酷似一个魔咒，动辄叫他痛不欲生，而又欲罢不能。刚刚懂点事的他，就在这个十分有限的狭小夹缝中开始了自己的生存之道。

生存是艰难的，地主人家的生存就尤为困苦。那时的他不但苦熬生活，还要忍受歧视、面对不公。为了生存，他在痛苦的挣扎着，但他更是一个“善于挣扎”的人。虽然世道艰难，他却时时能健步蹚过。

生活所迫，这大概是人皆有之的感叹吧。但就是这一“迫”迫使你想方设法去改变生存的现状。云升兄苦难的生存经历和今天的功成名就，是对“生于忧患、死于安乐”的生存哲理作了最好的诠释。

一九七九年，结束了以“阶级斗争为纲”的时代，开始了以经济建设为中心的新时期。多年积压在他内心的怨恨和生存的磨难也渐渐离他而去，生存的环境开始有了好转，他凭借自己的实力开始了“为人师表”的民办教师生涯。他以良好的职业操守，辛勤耕耘于三尺讲台。

一九八一年，是他人生的大转折。这一年，三十五岁的他最终跳出了“龙门”，考上了师范。一个滑稽的时代给了他一个滑稽的经历，滑稽的是：他和三个孩子一起上学。不同的是：孩子们背的是书包，而自己自行车驮的是酱油壶和化肥袋。他把体力挥洒于田间，把脑力浸注于课堂，疲于奔命，苦于生存是他这一时期的真实写照。

机会永远是提供给那些有准备的人，这个“准备”就是先前生存能力和技能的长期自我积累。云升兄还是凭借自己的实力，又一次成功地改变和拓宽了自己的生存空间，当上了记者，成为“无冕之王”。

凭借实力可以当上记者，但当好记者又凭什么呢？他凭借家父生前对自己儿时的教诲，那就是“天道酬勤”。他下乡村、入农户，了解农民所需。他走单位、访厂矿，调研改革难题。他忠于职守，爱岗敬业，新闻报道总能帖近实际；调查研究能够深入浅出；分析探讨更是切中时弊。这个时期，他写出了大量有分量的好新闻，为此获得了盟市、自治区的多项嘉奖。

也许是经历了太多的生存不幸，接下来，他的生存却是一顺再顺。四年后，一次偶然的机遇，他的记者生涯得以在一个更大的空间施展开来。也许是经历了太多的寂寞，在乌海市这个更大的媒体平台上，抒发了他前所未有的工作激情。他更加勤奋地笔耕于自己所衷爱的新闻事业中。这时的他，以不在为个人的生存而困惑；这时的他，思想境界已经有了一个质的飞跃；这时的他，拥有大情怀、大视野、大智慧、大境界。正是基于这种认识上的提高，他把个人的“为生存”融入到了“为事业”的工作中去。正是基于这种理论水平的提高，他才写出了《他为人民燃烧》的好新闻、好报道。云升兄无愧于记者职业所赋予自己的神圣使命，无愧于“无冕之王”这个光荣的称号。

感悟二：自在圆通，坎坎坷坷健步行。

我们常常感叹命运多舛，之所以感叹，是因为它有太多的不幸，甚至磨难，云升兄的命运就是如此：他的生不逢时，就是他人生最大的坎坷和不幸。在他童蒙稚气未消时，就承袭了他父亲那个“很不光彩”的地主成分，从此变成一个“黑崽子”开始了他屈辱的命运。

他十岁时，竟敢违父命，弃倌求学（牛倌），就开始把握自己的命运。他禀承先慈、天资聪颖、勤奋好学、嗜书如命，终以优异成绩一路胜出。但就在他十九岁那年，他那“鲤鱼跳龙门”的梦，竟然破灭的那样简单、干脆，而又猝不及防，因为他是“地主儿子”。这就是摆在他面前的现实，一个不公、无情、残酷的现实，这就是命。

既然命该如此，那就立命安生吧，回乡当农民是他唯一的选择。谈到命，大概就有“宿命论”的观点。但不认命，不屈从于命运，这也是云升兄命里注定的。现实可以阻碍命运，但命运也是可以自己掌控的。他毕竟是乡里屈指可数的大秀才，他毕竟饱读了几年的书本。他不甘现状，不甘寂寞，不甘任人宰割，更没有因此而沉沦颓废。他有父亲的面授玄机，加之自己的聪明智慧，才免遭了许多不该有的屈辱，反而成为书记家的“座上客”。所以，在以“阶级斗争为纲”的文革时期，他又一次成功地把握了自己的命运。

“地主儿子”不表现不行，表现过了头还不行，所以这个“表现”就有个适度的问题。他过头的表现，反而遭来嫉妒和不满。“文革”时期，那是一个可以肆无忌惮的宣泄个人私愤的时代，稍不留神，就会遭致打击报复，更何况你还是一个没有被教育改造好的“地主儿子”。紧接着，他就被关进了学习班，交代贪污问题。就这样，命运再一次捉弄了他。

生不逢时，使他苦不堪言。

而生又逢时，使他否极泰来。

那是一个春天，一个迟到的春天，对云升兄来说更是一个久违了的春天，命运将再一次眷恋他这个已年过而立之年的不幸者，他的命运将再一次被重新书写。冬夜苦奋斗，挣的春光来。从此，他挣脱了命运的魔咒，远离了噩梦般的过去，开始了阳光明媚的新生活。

坎险，就是历练，它是人生修为的最佳道场。正因为他经历了太多的坎坷，饱经了太多的磨难，面对歧视才能从容淡定，对待不公能够豁达开朗，遭遇迫害采取智慧应对。

他前半生的命运是坎坷的、不幸的。我们常常用坎坷来形容命运不济，但在坎险面前怎样应对，那就是智慧，它会给你带来截然不同的生活处境。面对扑面而来的“文革”风暴，他首先是一个乐观的智者，他是一个善于把苦涩转化为甜美的智者。他没有太多的灰暗、颓废和悲观，他的心灵深处永远是一个彩色的世界。他更是一个达观者，从容不迫，紧跟时代的脚步，正是这种阳光般的人生姿态使他的心灵纯洁无邪，思维一直活跃。直到今天，他的生理年龄虽近古稀，而实际年龄仅为五十岁。身体健康，精力充沛，创作力旺盛，他还年轻，他正年轻。

通过《我的故事》我们可以重新认识“苦难”的价值。苦难并非等同于坏事，它不但可以增添人生的光辉，对于意志顽强者还是一笔无价的财富。

感悟三：宠辱无惊，顺顺逆逆好做人。

他的记者生涯其实一直伴随他的为官之道。但他的做官可不是踱着方步、操着官腔、官僚派头十足的官。他把做官首先定位于做事，立足于做人。他襟怀坦白、以诚待人，无虚假之意，有仁爱之心。他每到一个新的工作岗位、一个新的工作环境，总是身先士卒，奔波在工作的第一线。他一路做官，从来没有把“官”当做官来“坐”，而是做小官时，能顾大局、尽本分，力求多做事、做好事，对得起自己的良心。做大官时，能不慕虚荣，但求实际。他着眼于地方经济的发展，为造福一方贡献自己的聪明才智。直到现在，他虽已退休，仍然身兼数职，吆喝着“六套马车”奔波于庙堂江湖之间。

在成绩面前，他不忘乎所以、欣喜若狂；得到升迁，从不矫揉造作、趾高气扬，而是把它作为一个新的起点、新的开始。一如既往地奉行“自强不息”的生命定律，自始至终尊崇“天道酬勤”的生存哲理。

他忠诚党的新闻事业，认真履行新闻记者的神圣使命，忠于职守，敬业奉献，忘我工作，成绩显著。就这样，一个地道农民，他在那风雨交加的泥潭里“挣扎”了14年后，带着纯朴的泥土芳香，一路走上了北京人民大会堂的红地毯。

感悟四：万境皆空，潇潇洒洒悟人生。

现在的云升兄已是苦尽甘来，功成名就，他仍然以饱满的热情、旺盛的精力，游走于庙堂江湖之间。他遵守“生命在于运动”的自然定律，把体勤、脑勤融入到生活工作中而乐此不疲。在云升兄的人生哲学里，生存为最大，他是一个生存的强者，更是一个智者。他把“通”融汇贯通于整个生命历程中。在逆境中不悲观，在顺境中不乐观，而今功成名就，却能达观，乐见其成；他用“淡”，淡莫心志，淡而静其心，心静无烦忧；他寄情于山水田园，抒怀于笔墨琴瑟，游戏于宠物花鸟；他法天道起居有常，法地道饮食有节；进则可信步庙堂、游于江湖，退则能品茗论道、颐养天年。

庆哉，云升兄；幸哉，云生兄。

他在生存的道场，信奉“自强不息”的乾德之美。

他在仕途的道场，崇拜“厚德载物”的坤道之誉。

他在命运的道场，践行“唯变所适”的生存哲理。

他在养生的道场，恪守“自在圆通”的个人修为。

一段历史，演义出一段人生，他是一面镜子，一位良师……

2011.7.3

（王正光，系云升在巴盟师范读书时的同班同学，一位正在四处淘金的用心人。）

“人评书评”之七：我与云升相处的三年半

人生是短暂的，但是生活是丰富多彩的。当你辛劳了大半生，在安度晚年之时，静下来再回顾所经历的不平凡的峥嵘岁月，一定会有新的收获、更大的启迪。

云升告诉我 2011 年要完成两件大事：一是把父母的遗骨迁回呼和浩特市大青山（此事已于“清明”时节顺利完成）。二是要出版一本回忆录——《我的故事》。他邀我写点人评、书评的文字。说实话，我一是学识浅薄，文字修养差，二是 1988 年 8 月之前在杭锦后旗广播电视局和云升共事只有三年半时间，而且我又于 1997 年 7 月提前退休，现已古稀之年，精力有限。要给友人云升作个人评，实在是难以胜任，况且对一个人进行评说应该是历史的、全面的、客观的了解，才能作出较为正确的评价，仅三年半的接触，也只能是点皮毛。但云升和我风雨同舟的共事中，给我留下了深刻的印象：一是有真才实学（这是经组织实地考核得出的结论），文笔很硬；二是实干苦干。不到四年的新闻宣传报道工作搞得有声有色，好几个节目在参加盟区两级广播节目听评中获一等奖；三是善于社交。搞新闻报道不能闭门造车，凭空杜撰文章。云升能经常深入基层调查研究，以敏锐的洞察力及时发现有价值的好新闻。用他那老练的秀笔，写出了一篇又一篇的好新闻、好通讯、好电视专题节目，为推动全区两个文明建设，颂扬改革开放推波助澜，充分发挥了舆论引导和监督作用。

说到书评，觉得自己没有资格评论。云升以几十年走过的不平凡岁月，用“心”写的回忆录——《我的故事》是一部佳作。他告诉人们：一个人要想走成功之路，只有把握时代的脉搏，顺应潮流，认准目标，锲而不舍，顽强拼搏，奋斗不息，才能达到目的。成功背后包含着他艰辛努力、拼搏进取的动人故事。

《我的故事》紧扣“三段”人生经历、“四句”处事箴言和“六字”修身感悟，践行演绎出的串串苦辣酸甜故事，分上、中、下三篇，详尽有重点地再现了他的人生经历。从谋篇布局到遣词造句，严谨可读。层次分明，条理清楚，中心突出，文章长而不俗，有些故事打动人心。行文巧妙地以两条红线交错进行，紧锣密鼓，文笔自然流畅，一气呵成，读起来感觉轻松，读后让人回味无穷。读后你自然体会到，他用手中的笔热情讴歌了改革开放的大好形势给国人带来的巨大变化，鼓舞人民，催人奋进，同时包含着云升为伟大时代的进步奉献着个人的聪明才智。

（李全瑞，系云升在杭锦后旗广播局工作时的副局长，是一位在官场不玩机巧权术，只顾埋头干活的领导加朋友。）

“人评书评”之八：人生几回欣往事

云升兄写回忆录，实在是在延续做大事的套路。嘱我写篇小文，与大家同列为“人评书评”。我诚惶诚恐，盛情难却。冒昧打油，算交作业。

一

少年曾立揽月志
白首不易飞天心
把酒云岭回头望
万人丛里几知音

二

西进北上几离家
苦累煎熬应有涯
小楼一夜听春雨
大梦方觉赏杏花

三

奋斗岂止在名校
著书总会益儿郎
人生几回欣往事
知恩知足日月长

（陈力，系《经济日报》内蒙古记者站站长，和云升相处十多年的朋友加兄弟。）

老师（88）字评语——铮铮铁血男儿

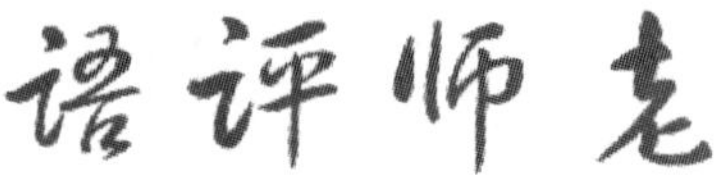

（冯灌植，是云升在奋斗中学读书时的俄语老师，退休前系内蒙古师范大学副研究馆员。）

附　　录

附录1：乌海市政府给经济日报社的公函

乌海市人民政府办公室

经济日报报业集团、中国企业家杂志社：

来函收悉。经研究，同意我市驻北京联络处外宣联络部部长赵云昇应聘到贵社工作。同时保留其一年工资及待遇。

赵云昇同志系中共党员，大专学历，中级记者职称。1993年到市政府驻外机构工作。该同志从事新闻宣传工作多年，先后在旗县、盟市、自治区电台等部门工作，历任记者、编审办主任、新闻部主任等职务，在人民日报、经济日报、中央电台等国家级新闻单位发稿多篇，共有30多篇作品获省级以上奖励，为乌海市的对外宣传做了大量工作。1991年采写的“他为人民燃烧”长篇通讯获第一届宣传人民代表大会制度好新闻一等奖，在北京人民大会堂受到党和国家领导人接见。

谨此简介并复。

内蒙古乌海市人民政府办公室

一九九九年一月二十八日

附录2：经济日报《中国企业家》杂志社给内蒙古党委宣传部的函

经济日报
中国企业家杂志社

关于赵云升同志任职的函

内蒙古党委宣传部：

我社自一九九九年在内蒙古设立办事处以来，得到了自治区党委政府，特别是党委宣传部的大力支持，使我社驻内蒙办事处的各项工作得以顺利开展。对此，我们表示衷心的感谢。

《中国企业家》是中央党报——《经济日报》主刊之一。随着事业的发展及我社加强对内蒙古经济及企业界宣传的需要，特任命赵云升同志为《中国企业家》杂志社驻内蒙古办事处主任兼记者站站长。

此致

敬礼

中国企业家杂志社
2005年6月16日

附录3：内蒙古自治区人民政府会议纪要

内蒙古自治区人民政府
专题会议纪要

〔2005〕59号

内蒙古自治区人民政府办公厅　　　　二〇〇五年十月十日

研究实施内蒙古“财富工程”有关事宜

日前，经济日报社社长、中国企业家全国理事会理事长武春河，国务院发展研究中心研究所所长、著名经济学家张文魁，经济日报社《中国企业家》杂志社社长、中国企业家全国理事会秘书长刘东华一行专程来呼和浩特，与自治区四大班子领导商谈在我区实施创建“财富工程”、培育提升企业家精神有关工作。自治区党委书记储波、自治区主席杨晶会见了武春河一行，自治区党委常委、秘书长任亚平，自治区副主席赵双连，自治区人民政府秘书长乌兰巴特尔参加会见。会见后，自治区副主席连辑主持召开座谈会，研究实施创建内蒙古“财富工程”、培育提升企业家精神有关事宜。自治区党委副书记杨利民，自治区人大副主任胡忠，自治区政协副主席郝宝恒出席座谈会。现纪要如下：

一、会议认为，国家首先在内蒙古实施创建“财富工程”，与我区贯彻落实科学发展观、构建和谐社会的思路和措施完全吻合。通过实施创建“财富工程”，能够尽快提升企业家的经营理念，塑造企业家精神，加强企业家队伍建设，为企业家群体营造更加宽松和谐的社会氛围，推动企业家们以良好的精神状态，更加积极地创造社会财富，从而为自治区经济社会发展做出新的更大的贡献。

二、会议通过了《关于在内蒙古自治区培育提升企业家精神，创建“财富工程”实施方案》，并明确了以下几个方面的具体事宜：

（一）政府出资征订、赠送企业家阅读《中国企业家》杂志。储波书记、杨晶主席已经给中、区直企业和61户重点企业赠阅近600套，呼和浩特地区的5个旗县，每个旗县赠送100套，各盟市的赠阅工作抓紧进行。

（二）从2005年开始，《中国企业家》杂志社将联合国务院发展研究中心，组织清华大学、北京大学、中欧国际工商管理学院、沃顿商学院等国内外知名机构的资深学者、著名专家来内蒙古讲学，使内蒙古的企业家足不出户就可接受“EMBA”教育和系统的前沿知识培训。讲座过程中，学者们将与企业家进行面对面的互动交流，旨在提高我区企业家的经营理念和管理水平。

（三）《中国企业家》杂志社于近期在我区举办“中国企业家月度沙龙”活动。届时将组织中国企业家全国理事会的部分优秀企业家与我区党政领导、企业家进行交流，同时为我区扩大招商引资提供一个新的平台。

（四）《中国企业家》杂志社于今年底邀请自治区有关领导和近百名内蒙古企业家，出席“《中国企业家》创刊20周年庆典暨2005年中国企业领袖年会”，与国内外知名企业家进行交流与合作。

（五）中国企业家全国理事会年内将吸收我区10位企业家，发展为中国企业家全国理事会的常务理事或理事（全国理事会中现有内蒙古企业家10位），借理事会的平台扩大内蒙古和我区企业家在国内外的影响。

（六）《中国企业家》杂志社建立专门网站，为内蒙古企业提供综合服务，加强我区企业家与国内专家、学者、顶尖企业家之间的沟通联系，及时解决我区企业发展中的问题。

三、会议决定，双方共同组建实施“财富工程”的领导机构。组长由杨利民、武春河同志担任，副组长由赵双连、连辑、刘东华同志担任，办公室主任由乌兰巴特尔、赵云升同志担任。办公室设在经济日报《中国企业家》杂志社和中国企业家全国理事会内蒙古办事处。

参加会议人员： 经济日报报业集团《中国企业家》杂志社内蒙古办事处赵云升，原自治区人大副主任伊钧华、贾才，伊利集团潘刚、蒙牛集团牛根生、伊泰集团张双旺、亿利集团王文彪。

主题词：经济管理　教育　工程　会议纪要

分送：自治区党委书记、副书记、秘书长，自治区主席、常务副主席、政府顾问、副主席，政府秘书长、主席助理、副秘书长，政府办公厅副主任。
各盟行政公署、市人民政府，参加会议各单位。
抄送：自治区党委办公厅、人大常委会办公厅、政协办公厅、纪委办公厅。

内蒙古自治区人民政府办公厅秘书一处　　2005年10月10日印发

共印180份

附录 4：经济日报出版社给内蒙古党委宣传部的函

经济日报出版社

经济日报出版社关于建立“中国企业家文库”内蒙古自治区编辑部的函

中共内蒙古自治区党委宣传部：

"十一五"以来，内蒙古自治区党委、政府牢牢把握发展机遇，不断完善发展思路，强化发展措施，经济发展进入快速增长期，全区经济运行质量明显提高，发展后劲和抵御风险的能力进一步增强，是改革开放以来发展最快最好、人民得到实惠最多的时期。尤其是"十一五"规划确定的主要奋斗目标的提前完成，使全区综合经济实力迈上新的台阶。

内蒙古自治区经济与社会的全面协调发展确立了内蒙古自治区在全国经济中稳固的重要地位，并在全国经济社会发展和边疆繁荣稳定大局中起到了巨大作用。这些成绩的取得，既离不开内蒙古自治区党委和政府的正确领导，也离不开自治区企业家们的卓越贡献。为了宣传这些为自治区乃至全国做出重要贡献的优秀企业，经济日报出版社决定为内蒙古最优秀的100家企业或企业家树碑立传，以专业的媒体人力量保存和宣扬其鲜明的企业文化精神，同社会一起迎接企业家时代的全面兴盛！

为此，经济日报出版社决定建立“经济日报出版社‘中国企业家文库’内蒙古编辑部”来专门负责“中国企业家文库——内蒙古自治区百家优秀企业系列图书”的出版工作。现就以下3项具体事宜向贵部汇报，请予支持。

一、经济日报出版社“中国企业家文库”内蒙古自治区编辑部接受自治区宣传部的领导和指导，遵守国家、自治区和经济日报出版社的一切法律法规和管理制度。

二、恭请内蒙古自治区党委宣传部能筛选、审定100名内蒙古最优秀的企业家，作为我们“文库”的写作和宣传对象。

三、编辑部拟聘请赵云升同志担任主任，其主要工作为：策划运营、联络沟通、安排采访和图书发行。

请内蒙古自治区党委宣传部能给予大力支持，共同为内蒙古自治区的企业以及企业家精神的广泛传播作出努力。

致礼！

经济日报出版社（盖章）

2012年3月15日